Weskamp | Schulrecht

Bildung und Unterricht

Ralf Weskamp

Schulrecht

Eine methodische Anleitung

Reclam

Sollte diese Publikation Links auf Webseiten Dritter enthalten, so übernehmen wir für deren Inhalte keine Haftung, da wir uns diese nicht zu eigen machen, sondern lediglich auf deren Stand zum Zeitpunkt der Erstveröffentlichung verweisen.

RECLAMS UNIVERSAL-BIBLIOTHEK Nr. 14469
2024 Philipp Reclam jun. Verlag GmbH,
Siemensstraße 32, 71254 Ditzingen
Gestaltung: Cornelia Feyll, Friedrich Forssman
Druck und Bindung: Esser printSolutions GmbH,
Untere Sonnenstraße 5, 84030 Ergolding
Printed in Germany 2024

ISBN 978-3-15-014469-5

Auch als E-Book erhältlich

www.reclam.de

Inhalt

Vorbemerkung: Ziele des Buches

Dieses Buch richtet sich vor allem an Lehrkräfte, Schulleitungen und Lehramtsstudierende. Es will zeigen, dass zur pädagogischen Professionalität auch juristisches Anwendungswissen gehört. Im Zentrum steht dabei die Methodik des Rechts – wie man auf der Grundlage von Gesetzen Argumente entwickelt, Meinungen aufgreift, Interessen abwägt und Positionen verteidigt.

Kapitel 1 bietet einen Überblick über die Entstehung des Schulrechts und erläutert, inwiefern es einerseits zu mehr Demokratie in der Schule geführt und andererseits die Professionalisierung des Lehrerberufs vorangetrieben hat.

Kapitel 2 führt in den Gutachtenstil als Kern juristischen Denkens ein und stellt die verschiedenen Rechtsquellen vor, denen man in der täglichen Arbeit begegnet.

Kapitel 3 befasst sich mit den Grundrechten, die für die Schule von besonderer Bedeutung sind. Die schulische Erziehung steht nicht selten in Konflikt mit dem Elternrecht und anderen Grundrechten. Um diesen Konflikt zu analysieren, wird in die Methodik der Grundrechtsprüfung eingeführt.

Kapitel 4 widmet sich dem Verwaltungsrecht in der Schule, seinen Grundsätzen und Verfahren. Damit die Lehrkräfte ihre Entscheidungsspielräume richtig nutzen, wird aufgezeigt, wie sie den Grundsatz der Verhältnismäßigkeit anwenden und Ermessensfehler vermeiden können. Das Beispiel eines Täuschungsversuchs bei einem Leistungsnachweis veranschaulicht die juristische Denktechnik bei der Gutachtenerstellung.

Kapitel 5 befasst sich mit der Interpretation von Normen. Schulgesetze enthalten häufig vom Gesetzgeber beabsichtigte Unschärfen, sogenannte unbestimmte Rechtsbegriffe (wie »erhebliche Störung des Schul- oder Unterrichtsbetriebs«) oder Generalklauseln (wie »aus wichtigem Grund«). In der Rechtsanwendung müssen diese Begriffe zutreffend ausgelegt werden. Lehrer werden zu angewandten Linguisten. Das Kapitel gibt dazu Anleitungen und Hinweise für die Abfassung schriftlicher Bescheide.

Am Ende verfügen die Leserinnen und Leser über das Handwerkszeug für rechtssicheres Handeln im Schulalltag.

1 Schule ohne Rechte? Schulrecht und pädagogische Freiheit

Im einleitenden Kapitel wird dargestellt, wie das heutige Schulrecht entstanden ist und warum es den Kern der »pädagogischen Freiheit« der Lehrkräfte bildet. Es wird deutlich, dass erst die Schulgesetze, die um die 1990er-Jahre von den Parlamenten verabschiedet wurden, zu mehr Demokratie und Rechtsstaatlichkeit geführt und damit zur Professionalisierung des Lehrerberufs beigetragen haben.

1.1 Braucht Schule Gesetze?

Lehrer und Schüler – ein besonderes Verhältnis

In der Schule tut man sich schwer mit dem Recht. Wie soll ein trockener, in Paragrafen gegliederter Text der besonderen Beziehung zwischen Lehrern und Schülern gerecht werden? Schule lebt von Zwischenmenschlichkeit und Vertrauen. Ist die Beziehung ohne Probleme, lernen die Schüler besser und die Lehrkräfte sind in ihrem Beruf zufriedener (Felten 2020). Das Recht wirkt in diesem Fall wie ein Fremdkörper; statt füreinander da zu sein und Probleme im Gespräch zu lösen, beruft man sich auf eine höhere Instanz und stört so das gute Verhältnis.

In dieser idealen Welt braucht es keine Gesetze. Aber Schüler und Lehrer verbindet keine Freundschaft, die man im Notfall beenden könnte. Das Verhältnis ist von Abhängigkeiten geprägt. Lehrkräfte verfügen über Amtsautorität, können belohnen und bestrafen, über Versetzungen entscheiden und die Beziehung zu ihren Schülern nach ihren Vorstellungen gestalten. Was geschieht, wenn diese Macht missbraucht wird? Baut man allein auf das individuelle moralische Handeln der Lehrkräfte, dann wären Schüler im Extremfall schutzlos gestellt. Umgekehrt könnten sich Lehrkräfte nicht auf für alle geltende Normen berufen, wenn sie unter Disziplinlosigkeit leiden oder allzu fordernden Eltern gegenüberstehen.

Es stellt sich daher die Frage nach der Alternative: Können Schulgesetze im pädagogischen Raum Verbindlichkeiten schaffen, um das soziale Miteinander von Lehrkräften, Schülern und Eltern zu regeln und zur individuellen Konfliktlösung beizutragen?

Bis in die 1970er-Jahre: ein »besonderes Gewaltverhältnis«

Die Antwort ist auch aus rechtswissenschaftlicher Sicht nicht so eindeutig, wie man erwartet (Stolleis 2012: 216–246). Noch 1961 heißt es in der Begründung zum hessischen Schulverwaltungsgesetz, dass die Unterrichts- und Erziehungstätigkeit Situationen schaffe, die nicht reglementiert sind: »Die Entscheidung darüber, wo für den einzelnen Lehrer die Grenze seiner Freiheit liegt, ist im Einzelfall weitgehend Tat- und Taktfrage.« (Hessischer Landtag 1961: 2812)

Weil die Schule einen erzieherischen Zweck verfolgt, sind Schüler in der Wahrnehmung ihrer persönlichen und staatsbürgerlichen Rechte beschränkt. Schule und Schüler stehen – so der juristische Fachbegriff – in einem »besonderen Gewaltverhältnis« zueinander. Anstelle des allgemeingültigen Rechts, das eingefordert werden kann, tritt das Vertrauen auf die Lehrkräfte als moralische Instanzen. Der Maßstab ist der pädagogische Takt. Dieser wird aber von jeder Lehrkraft anders praktiziert. Es braucht nicht viel Fantasie, um zu erkennen, dass eine solche Individualisierung des pädagogischen Bezugs fatale Konsequenzen haben kann, vor allem, wenn man die Schule als einen Ort betrachtet, der sich den Grundrechten entzieht. Im schlimmsten Fall entsteht nachhaltiger Schaden bei Kindern und Jugendlichen, wie Missbrauchsfälle zeigen.

Zwar sah auch das Schulrecht der 1960er-Jahre vor, dass das besondere Gewaltverhältnis nicht gänzlich unbeschränkt ausgestaltet sein darf, sondern in Schulordnungen geregelt sein muss. Diese Schulordnungen waren jedoch nicht das Produkt demokratischer Entscheidungsprozesse, sondern wurden von den Kultusministerien und den Schulen selbst erlassen. Ihr Sinn bestand weniger darin, Rechte zu statuieren, als Pflichten und Konsequenzen aufzuzeigen. Man ging davon aus, dass Fachleute sich besser mit schulischen Angelegenheiten auskennen als das Parlament. Schüler blieben in dieser Konstellation der schwächere Part, pädagogisch abhängig und rechtlich weitgehend wehrlos.

Die Studentenbewegung Ende der 1960er-Jahre führte auch im Schulbereich zu einer zunehmenden Demokratisierung, der sich die Kultusministerien nicht entziehen konnten. So wurden den Schülern in der Bayerischen Allgemeinen Schulordnung 1973 weitgehende Informations-, Anhörungs-, Vorschlags- und Beschwerderechte eingeräumt (BayGVBl. 1973: 549). Im Grundsatz aber blieb das besondere Gewaltverhältnis bestehen. Ausgerechnet in der Schule galt nicht das Prinzip der Rechtsstaatlichkeit.

Ab den 1980er-Jahren: Schule als Teil des Rechtsstaates

Die Wendung brachten nicht gesellschaftliche oder politische Initiativen, sondern Gerichtsentscheidungen. 1972 setzte sich das Bundesverfassungsgericht mit dem Recht auf Meinungsfreiheit von Strafgefangenen auseinander. Es erteilte der Ansicht eine Absage, dass Gefangene in einem besonderen Gewaltverhältnis stünden und ihre Grundrechte relativierbar seien. Die Staatsgewalt sei durch Art. 1 Abs. 3 GG unmittelbar an die Grundrechte gebunden und dürfe diese nicht beliebig einschränken. Dies sei nur dann vorstellbar, wenn es »zur Erreichung eines von der Wertordnung des Grundgesetzes gedeckten gemeinschaftsbezogenen Zweckes unerlässlich ist und in den dafür verfassungsrechtlich vorgesehenen Formen geschieht« (BVerfGE 33, 1, Rn. 11). Hierzu sei in jedem Fall ein formelles Gesetz notwendig.

Formelle und materielle Gesetze

- *Formelle Gesetze* sind Gesetze, die vom Parlament ggf. unter Mitwirkung weiterer Gesetzgebungsorgane beschlossen und in den Gesetzesblättern verkündigt werden.
- *Materielle Gesetze* sind für jedermann und nicht nur im Einzelfall geltende Regelungen, die entweder von Parlamenten als formelle Gesetze verabschiedet oder von Bundes- bzw. Landesbehörden als Rechtsverordnungen erlassen werden.

Rasch wurde klar, dass Schüler jedenfalls nicht anders behandelt werden dürfen als Strafgefangene. In seinem Urteil zur Einführung der Förderstufe in Hessen verpflichtete das Bundesverfassungsgericht im gleichen Jahr den Gesetzgeber, »im Bereich der Grundrechtsausübung die der staatlichen Gestaltung offenliegende Rechtssphäre selbst abzugrenzen und nicht dem Ermessen der Verwaltungsbehörde zu überlassen« (BVerfGE 34, 165, Rn. 193). Zumindest wesentliche schulrechtliche Regelungen dürfen folglich nicht durch die Kultusministerien oder Schulen getroffen werden, sondern obliegen den Landesparlamenten. Will ein Kultusministerium Rechtsverordnungen erlassen, dann muss es hierzu durch ein formelles Gesetz ermächtigt worden sein. Es kann also nicht willkürlich tätig werden. Die Schule steht erstmals nicht mehr außerhalb des demokratisch organisierten Staates, und die Bürger haben zumindest über die Parlamente die Möglichkeit, auf die Gestaltung von Schule Einfluss zu nehmen.

Die eingangs gestellte Frage, ob Schulgesetze notwendig sind, lässt sich jetzt beantworten. Durch formelle Gesetze wird die Schule rechtsstaatlicher und demokratischer: rechtsstaatlicher, weil staatliches Handeln an Nachvollziehbarkeit gewinnt; demokratischer, weil nicht die Exekutive die grundsätzlichen Belange der Schule regelt, sondern das Parlament, das ein unmittelbares Mandat des Volkes hat.

Rechtsstaatlichkeit von Schule

- Die Schule ist an die Grundrechte gebunden. Sie kann sich nicht (mehr) auf ein *besonderes Gewaltverhältnis* berufen.
- Bedeutsame, vor allem grundrechtsrelevante Angelegenheiten im Schulbereich müssen in einem formellen Gesetz geregelt sein (*Wesentlichkeitstheorie*).

- Rechtsverordnungen (materielle Gesetze) dürfen von den Kultusministerien nur dann erlassen werden, wenn sie hierzu durch ein formelles Gesetz ermächtigt sind.
- Die Schule darf nicht gegen Gesetze verstoßen (*Vorrang des Gesetzes*).
- Die Schule darf nur dann in die Rechte ihrer Schüler eingreifen, wenn sie hierzu durch ein Gesetz befugt ist (*Vorbehalt des Gesetzes*).

In die Grundrechte der Schüler und Eltern darf auch in der Schule nur durch ein Gesetz eingegriffen werden. Je stärker die Grundrechte von Schülern, aber auch von Eltern durch die Schule tangiert sind, je detaillierter muss die gesetzliche Regelung sein. Auf diese Weise wird verhindert, dass das Parlament zwar ein Schulgesetz beschließt, dieses aber inhaltlich so undetailliert lässt, dass zentrale Aspekte doch wieder von der Exekutive vorgegeben werden.

Das Schulverhältnis ist zwar immer noch von Über- und Unterordnung gekennzeichnet, aber die Schule ist nun an das bestehende Schulgesetz gebunden. Verstößt beispielsweise eine Lehrkraft gegen eine Norm, so führt dieser Rechtsverstoß zur Unwirksamkeit der fraglichen Maßnahme und zu Ansprüchen, die im Verwaltungsrechtsweg durchgesetzt werden können.

Die Bindung von Schule an ein formelles Schulgesetz befreit die Beteiligten von willkürlichen Beschränkungen oder falschem Entgegenkommen und schützt die Rechte der Schwächeren. Aus Sicht der Schüler und Eltern entsteht Verlässlichkeit über die Moral der handelnden Personen hinaus. Denn die Schule ist an das Gesetz gebunden und hat alle Maßnahmen zu unterlassen, die gegen das Gesetz verstoßen. Die Bindung an das Gesetz führt auch zu einer stärkeren Transparenz des Lehrerhandelns. Statt auf etablierte Praktiken, Vorgaben vorgesetzter Behörden und herrschende Meinungen zu verweisen, können Lehrkräfte ihre Entscheidungen unter Bezugnahme auf das Gesetz legitimieren.

Es ist verwunderlich, dass es gerade in der Schule Zeit brauchte, bis auch hier das besondere Gewaltverhältnis als Relikt gesehen wurde, das dem Rechtsstaatlichkeits- und Demokratieprinzip widerspricht. Wie kann die Schule zur Demokratie erziehen, wenn sie für sich selbst demokratische Grundprinzipien wie die Gewaltenteilung nicht gelten lassen will?

Vom Ende des besonderen Gewaltverhältnisses bis zu den entsprechenden formellen Schulgesetzen dauerte es noch eine Weile. In der Übergangszeit spielte die Kommission Schulrecht des Deutschen Juristentages eine zentrale Rolle. Diese legte 1981 einen Entwurf für ein Schulgesetz vor, der in allen Bundesländern zur Blaupause wurde, um die grundlegenden Entscheidungen für die Schule parlamentarisch zu regeln und nicht mehr der Exekutive zu überlassen.

1.2 Die Stellung der Lehrkräfte

Die »pädagogische Freiheit«

Rechtsstaatlichkeit in der Schule kann nur durch inhaltlich hinreichend bestimmte Gesetze erreicht werden. Damit verbunden ist die Sorge von Lehrkräften, dass sie in ihrem pädagogischen Handlungsspielraum eingeschränkt werden. Dies wiegt umso mehr, als dass die Lehrfreiheit – wie sie in Art. 5 Abs. 3 GG für die akademische Lehre statuiert ist – nicht für Lehrkräfte an Schulen gilt (Dürig/Herzog/Scholz/Gärditz 2023, GG Art. 5 Abs. 3, Rn. 115 ff.). Das Grundgesetz betont nämlich den allein für die Universität typischen Zusammenhang von Forschung und Lehre. Lehre meint die Weitergabe des Erforschten, sodass allein Hochschullehrer, die ein wissenschaftliches Fach aufgrund ihrer Qualifikation selbstständig vertreten, unter den Schutzbereich der Norm fallen. Trotzdem ist es allgemein anerkannt, dass auch Lehrkräfte an Schulen ihre Aufgaben nur erfüllen können, wenn sie einen Freiraum genießen. Würde ihnen alles vorgeschrieben, dann könnten sie nicht mehr flexibel auf die Unterrichtssituation und auf einzelne Schüler eingehen (Rux 2018, Rn. 1133 ff.).

Das Bundesverfassungsgericht greift die Befürchtung von Gängelung auf, sieht aber in formellen Schulgesetzen gerade eine Abhilfe für die Regelungsflut: »Soweit die Gefahren einer zu weit gehenden Verrechtlichung oder Vergesetzlichung des Schulwesens beschworen werden, insbesondere im Hinblick auf die pädagogische Freiheit des Lehrers, die notwendige Flexibilität der Schule und die drohende Überlastung der Parlamente, geht die Kritik zu einem großen Teil an den tatsächlichen Verhältnissen und rechtlichen Gegebenheiten vorbei. Nicht die durch Art. 20 Abs. 1 und 3 GG verfassungsrechtlich gebotene gesetzliche Verankerung staatlicher Eingriffe und Leistungen im Schulrecht bewirkt eine unangemessene Einschränkung der grundrechtlichen Freiheiten der Schüler, der Lehrer und der Eltern. Vielmehr führt oft die bis zum Perfektionismus gesteigerte Bürokratisierung und Bevormundung der Schule durch die Kultusverwaltungen zu weitgehend unkontrollierter und im Lichte der Grundrechtsgeltung zweifelhafter Rechtsbeeinträchtigung der Betroffenen.« (BVerfGE 58, 257, Rn. 270 f.)

Die Kommission Schulrecht des Deutschen Juristentages (1981: 98, 306 ff.) verfolgt in ihrem Schulgesetzentwurf den gleichen Gedanken. Um die pädagogische Freiheit der Lehrkräfte gegen zu starke Eingriffe durch die staatliche Schulverwaltung, die Schulleitung und Konferenzen zu schützen, bedarf es einer gesetzlichen Grundlage.

Alle Schulgesetze räumen, dem Vorschlag der Kommission folgend, pädagogische Freiräume ein. Besonders weit gehen etwa Hessen, Brandenburg oder Mecklenburg-Vorpommern, die die Formulierung der Kommission übernehmen. In § 100 Abs. 2 SchulG M-V heißt es: »Die Lehrerinnen und Lehrer unterrichten und erziehen in eigener pädagogischer Verantwortung. [...] Die für die Unterrichts- und Erziehungsarbeit der Lehrerin oder des Lehrers erforderliche pädagogische Freiheit darf durch Rechts- und Verwaltungsvorschriften und Konferenzbeschlüsse nicht unnötig oder unzumutbar eingeengt werden.« Mit dem parlamentarischen Bekenntnis zur pädagogischen Freiheit bleibt es der staatlichen Schulverwaltung verwehrt, die

Lehrkräfte in ihrem pädagogischen Wirken zu bevormunden.

Pädagogische Freiheit
Unter der pädagogischen Freiheit versteht man den Anspruch einer Lehrkraft, Unterricht und Erziehung eigenverantwortlich so zu gestalten, dass für die Schüler optimale Lernbedingungen entstehen. Die pädagogische Freiheit ist durch den staatlichen Erziehungsauftrag begrenzt.

Umstritten ist, ob Lehrkräfte aus der pädagogischen Freiheit ein einklagbares Recht ableiten können (Wißmann 2002; Rux 2018, Rn. 1136 ff.; Weskamp 2023). Voraussetzung hierfür wäre, dass die Lehrkraft geltend machen kann, in ihren eigenen Rechten verletzt zu sein (§ 42 Abs. 2 VwGO). Genau dies ist aber schwierig. Nur wenn die Lehrkraft argumentieren kann, dass die Beeinträchtigung ihrer pädagogischen Freiheit nicht lediglich das innerdienstliche Verhältnis betrifft, ist eine Klage zulässig. Deshalb weist der Verwaltungsgerichtshof Baden-Württemberg eine Klagebefugnis ausdrücklich zurück. Die pädagogische Freiheit sei den Lehrkräften nicht um ihrer selbst willen, sondern aufgrund des Amtes eingeräumt. Es gehe nicht um eine personale Freiheit, sondern um eine Freiheit, die auf den Schulzweck ausgerichtet ist (VGH Baden-Württemberg, Beschluss vom 28. 10. 1997, 4 S 596/95).

Folgt man dieser Ansicht, so bringt man Lehrkräfte allerdings in eine widersprüchliche Situation: Sie tragen einerseits die »unmittelbare pädagogische Verantwortung für die Erziehung und Bildung der Schüler« (§ 38 Abs. 6 SchG

BW), müssen Weisungen von Vorgesetzten aber selbst dann befolgen, wenn sie sie für unzweckmäßig halten. Die pädagogische Freiheit könnte dann leicht zu einem Lippenbekenntnis werden. Aber selbst wenn man in ihr kein subjektives Recht der Lehrkraft sieht, bindet sie die Verwaltung und schulische Gremien. Diese müssen jeweils prüfen, ob eine Entscheidung im Hinblick auf die pädagogische Freiheit unnötig oder unzumutbar ist. Wird dies bejaht, darf eine solche Maßnahme nicht getroffen werden.

Diesem Gedanken folgt das Bundesverwaltungsgericht, wenn es feststellt, dass die Gehorsamspflicht von beamteten Lehrkräften (§ 35 Abs. 1 Satz 2 BeamtStG) insoweit im Vergleich zu anderen Beamten begrenzt ist. Sie unterliegen im Hinblick auf ihre »eigene pädagogische Verantwortung jedenfalls keinem unbeschränkten Weisungsrecht« (BVerwG, Beschluss vom 28.1.1994, 6 B 24/93). Da die Zahl von Klagen, die bislang zur Durchsetzung der pädagogischen Freiheit eingereicht wurden, gering ist, kann man davon ausgehen, dass das Prinzip allgemein anerkannt ist (Beaucamp 2015: 158).

Professionalisierung durch das Recht

Mit der Aufnahme der pädagogischen Freiheit in das Schulgesetz zeigen die Landesgesetzgeber, dass sie den Lehrerberuf als Profession und nicht einfach als Beruf verstehen. Professionen zeichnen sich durch vier wesentliche Elemente aus: Autonomie; abstraktes, akademisiertes Wissen; Gemeinwohlorientierung; Autorität (Mieg 2016: 28 ff.). Die pädagogische Freiheit ist hierfür der Schlüssel.

Schon vom Begriff her schafft die pädagogische Freiheit die erforderliche Autonomie und stellt gleichzeitig den für Professionen typischen Klientenbezug her. Weil sie nicht um ihrer selbst willen gewährt wird, sondern der Bildung von jungen Menschen dient, braucht ihre Verwirklichung eine entsprechende Wissensbasis. Hierzu durchlaufen, ebenfalls professionstypisch, alle Lehrkräfte eine zweiphasige Ausbildung (Lehramtsstudium und Vorbereitungsdienst) und aktualisieren ihre Kenntnisse und Fähigkeiten in der berufsbegleitenden Fortbildung. Lehrkräfte sind in ihrer Tätigkeit auch dem Gemeinwohl verpflichtet; sie arbeiten nicht aus Profitinteresse. Dies gebietet bereits ihr Status als Beamte, den sie in der Regel innehaben. Beamte müssen nämlich, dem Beamtenstatusgesetz folgend, uneigennützig der Allgemeinheit dienen und erhalten dafür eine amtsangemessene Alimentation. Man wird aber auch bei angestellten Lehrkräften Uneigennützigkeit unterstellen. Autorität meint, ein »Zuständigkeitsmonopol« (Mieg 2016: 29) zu haben. Nur ausgebildete Lehrkräfte können und dürfen unterrichten.

Die Freiheit der Profession hat aber Grenzen. Auch in anderen Professionen wie Ärzten oder Juristen gelten Gesetze und zumeist Berufsordnungen. Bei Lehrkräften findet sich die Grenze bereits im Grundgesetz in der Verpflichtung des Staates zur Aufsicht über das Schulwesen (Art. 7 Abs. 1 GG). Die Praxis in der Schule ist durch ein Zusammenspiel beider Aspekte geprägt: Der Staat bestimmt die Grundlinien, die Lehrkraft sorgt in der weitgehend freien Ausgestaltung für den Erfolg und die Qualität des staatlichen Bildungs- und Erziehungsauftrags (Dürig/Herzog/Scholz/Badura 2023, GG Art. 7, Rn. 61).

Das Schulrecht ist folglich notwendiger Bestandteil des professionellen Wissens von Lehrkräften. Die Kultusministerkonferenz betont dies ausdrücklich in ihren Standards für die Lehrerbildung und bestimmt als Ziel die Fähigkeit zum reflektierten Umgang mit dem Recht (KMK 2019: 13). Eine durchdachte Anwendung erfordert nicht nur Rechtskenntnis, sondern auch -methodik. Sonst besteht die Gefahr, dass Lehrkräfte sich auf Tipps populärer Schulrechtsbücher (zum Beispiel Thomas Böhm, *»Nein, Du gehst jetzt nicht aufs Klo!« Was Lehrer dürfen*) verlassen und diese fehlerhaft auf Sachverhalte in ihrer Praxis anwenden. Um Schülern und Eltern überzeugend gegenüberzutreten, müssen Lehrkräfte aber ihre Entscheidungen nachvollziehbar und auf Recht gestützt begründen können. Dies gehört zur Wahrnehmung von Autorität, wie sie von Professionen gefordert wird.

In der Tippliteratur wird manchmal der Eindruck vermittelt, dass Lehrkräfte sich gegen unbillige Ansprüche von Eltern und Schülern zur Wehr setzen müssten. Tatsächlich geht es aber darum, dass die Entscheidungen von Lehrkräften rational und widerspruchsfrei sind. Dazu passt eine Abwehrhaltung nicht. Die Ausübung von Recht gebietet es vielmehr, die andere Seite anzuhören und in der Entscheidung darzulegen, wie deren Gründe berücksichtigt wurden.

Wenn eine Lehrkraft beispielsweise eine Schülerin, die im Unterricht unaufmerksam war, »nachsitzen« lässt, dann darf dies nicht aus einem Affekt heraus erfolgen. Idealerweise hat sich die Lehrkraft in ihrer Entscheidung vom Grundsatz der Verhältnismäßigkeit (Kapitel 4.3, S. 88) leiten lassen und ist in der Lage, ihre Maßnahme auch den

Eltern gegenüber einleuchtend zu begründen. Dies ist in emotional aufgeladenen Situationen hilfreich, in denen sich die Betroffenen als die Schwächeren empfinden. Gerade im Schulverhältnis ist ein Sachverhalt oft komplizierter, als er sich anfangs darstellt. Die Annahme einer einfachen Lösung, wie sie die Tippliteratur häufig anbietet, verstellt den Blick auf die Alternative.

Im Folgenden geht es nicht darum, einfache Lösungen für komplexe Probleme anzubieten, sondern Methoden aufzuzeigen, mit denen Lehrkräfte selbst rechtssichere Entscheidungen treffen können. Rechtliches Denken ist dabei nicht so weit von dem entfernt, was Lehrkräfte im Studium ihrer Fächer kennengelernt haben. Lehrkräfte der Naturwissenschaften werden sich beispielsweise an die Aufstellung von Hypothesen und deren Überprüfung durch die Erfahrung erinnert fühlen. Geisteswissenschaftler können auf die Hermeneutik zurückgreifen, wenn es um die Auslegung von Rechtsnormen geht. Eines muss jedoch deutlich sein: Wenn das Schulrecht die pädagogische Freiheit gewährt, dann müssen seine Spielregeln beachtet und richtig angewendet werden.

Detel (2014: 91) meint: »Die zentrale Idee der Wissenschaft bezieht sich nicht nur auf die *Form* wissenschaftlichen Wissens, sondern auch auf das *Verfahren* und die *Methode* der Wissenschaft: Wissenschaftliche Aktivität sollte *kritisch, intersubjektiv* und *sachverständig* sein.« Diese Zuschreibung von Qualität hat jede Lehrkraft beim Studium ihrer Fächer als elementar für wissenschaftliches Arbeiten kennengelernt. Sie gilt auch für die Rechtsanwendung in der Schule. Deshalb geht es in diesem Buch um Verfahren und Methoden der Rechtsgewinnung.

2 Der juristische Werkzeugkoffer Juristisches Denken, Gutachtenstil und Rechtsgebiete in der Schule

Dieses Kapitel beschäftigt sich mit dem Erfassen eines Sachverhalts: wann dieser eher pädagogisch oder eher rechtlich betrachtet werden sollte, wie man passende Rechtsnormen findet und anwendet. Im Zentrum steht der Gutachtenstil als Kernmethode des juristischen Denkens. Schließlich werden die verschiedenen in der Schule vorkommenden Rechtsgebiete voneinander abgegrenzt und das Schulrecht als besonderes Verwaltungsrecht vorgestellt.

2.1 Ein Beispiel: Informationsansprüche von Eltern

Beginnen wir mit einem Beispiel:

Frau Mertens unterrichtet das Fach Deutsch in einer sechsten Klasse an einem Gymnasium in Sachsen-Anhalt. Sie liest mit den Schülern den Roman *Der gelbe Vogel* von Myron Levoy und thematisiert in diesem Zusammenhang den Nationalsozialismus. Am ersten Elternabend des Schuljahres hat sie ihr Vorhaben vorgestellt. Herrn Rüttgens, der diesen Termin versäumt hat, schreibt ihr nach einigen Wochen folgende E-Mail: »Ihr Unterrichtsthema passt wohl eher in einen Leistungskurs Geschichte der Oberstufe. Wie können Sie die Kinder so überfordern? Der Roman ist völlig ungeeignet. Ich bitte um schriftliche Stellungnahme und Erklärung Ihres pädagogischen Konzepts bis zum 12. Oktober.«

Frau Mertens regt sich auf. Sie findet, dass Herr Rüttgens kein Recht hat, sich in ihren Unterricht einzumischen und überlegt, ihn anzurufen und ihm die Meinung zu sagen. Es braucht nicht viel Fantasie, um sich vorzustellen, dass ein solches Gespräch schnell eskalieren kann. Frau Mertens sieht ihre Kompetenz in Frage gestellt, und Herr Rüttgens glaubt, dass sein Kind völlig überfordert wird. Frau Mertens ist aber in der Elternarbeit erfahren genug, um zu unterstellen, dass Herr Rüttgens nur das Beste für sein Kind will. Sie nimmt sich daher vor, ein wertschätzendes Gespräch mit ihm zu führen und ihre Argumente für die Themen- und Lektürewahl nochmals zu erläutern. Wenn Herr Rüttgens zufrieden ist, ist der Konflikt gelöst.

In manchen Fällen sind aber auch geschickt angewandte Gesprächsstrategien nicht überzeugend genug. Es ist dann hilfreich, neben der pädagogischen eine rechtliche Sicht auf den Sachverhalt zu entwickeln. Frau Mertens könnte geltend machen, dass ihre Position deshalb schlüssig ist, weil sie sich auf das geltende Recht bezieht.

Zunächst muss sich Frau Mertens darüber im Klaren sein, worin das Problem liegt. Offensichtlich ärgert sie sich, dass Herr Rüttgens ihre Unterrichtsentscheidungen in Frage stellt. Sie möchte wissen, ob er dies überhaupt darf, ob er also einen Anspruch auf die angeforderte Stellungnahme hat. Im Schulgesetz ihres Landes sucht sie eine passende Norm. Hier geht es um den Informationsanspruch der Eltern, § 59 Abs. 5 Satz 1 SchulG LSA: »Die Lehrerinnen und Lehrer haben Inhalt, Planung und Gestaltung des Unterrichts mit den Klassenelternschaften zu erörtern.« Frau Mertens prüft nun, ob der Sachverhalt den Tatbestand der Norm erfüllt. Zu den Inhalten des Deutschunterrichts von

Frau Mertens gehören die Lektüre des Romans *Der gelbe Vogel* und die damit verbundene Thematisierung der NS-Zeit. Die Klassenelternschaft, also »die Erziehungsberechtigten der Schülerinnen und Schüler einer Klasse« (§ 56 Abs. 1 Satz 1 SchulG LSA), hat ein Recht darauf zu erfahren, was Frau Mertens für die sechste Klasse plant und wie sie diese Planung umsetzen möchte. Diesem Anspruch ist sie auf dem ersten Elternabend nachgekommen. Sie hat nicht zu vertreten, dass Herr Rüttgens nicht anwesend war. Das Gesetz sieht keinen Rechtsanspruch auf eine Einzelberatung vor. Diese ließe sich mit vertretbarem Zeitaufwand auch kaum realisieren. Frau Mertens kann sich folglich auf das Gesetz berufen, wenn sie Herrn Rüttgens' Ansinnen zurückweisen möchte.

Das Beispiel zeigt die Grundform der Rechtsanwendung (Rüthers/Fischer/Birk 2020, Rn. 665):

- Erfassen des Sachverhalts
- Finden der maßgeblichen Rechtsnormen
- Subsumtion am rechtlichen Maßstab
- Feststellen der Rechtsfolge

Im Folgenden betrachten wir die einzelnen Punkte näher. Sie sind Komponenten der Begutachtung, einem Werkzeug, um nachvollziehbare und transparente Antworten auf Rechtsfragen zu finden.

Dabei ist das gutachterliche Denken nicht so fremd, wie Lehrkräfte möglicherweise meinen. Das pädagogische Pendant findet sich nämlich im Unterrichtsentwurf, in dem ebenfalls Entscheidungen ausgeführt und gerechtfertigt werden. In ihm wird didaktisch-methodisch argumentiert und begründet. Durch seine Struktur wird sichergestellt, dass alle Aspekte Beachtung finden und Widersprüche zutage treten. Wenn der Unterrichtsentwurf zu einer »produktiven Verlangsamung« beiträgt und Entscheidungsprozesse professionalisiert (Esslinger-Hinz 2013: 15 f.), dann gilt dies analog für das Gutachten.

2.2 Erfassen des Sachverhalts

Jeder Auseinandersetzung mit einer Frage liegt ein Sachverhalt zugrunde. Hierunter versteht man alle für ein Geschehen relevanten Tatsachen und Umstände. Dabei geht es jedoch um mehr als nur Fakten. Auch die Intentionen der einzelnen Personen – also meist der Lehrkräfte, Schüler und Eltern – sind von Relevanz. So sollten sich Lehrkräfte zunächst darüber klar werden, ob ihr Interesse an der Auseinandersetzung mit dem Problem tatsächlich juristischer Art ist.

Nehmen wir als Beispiel Unterrichtsstörungen, die faktisch zum Alltag im Klassenzimmer gehören: Schüler schwätzen, kippeln mit den Stühlen, werfen einen verbotenen Blick auf ihr Smartphone, verwenden Stifte als Blasrohre. Man könnte nun die Frage stellen, wie man auf solche unerwünschten Tätigkeiten rechtlich reagiert. Man wäre dann schnell bei den schulgesetzlichen Regelungen zu Erziehungs- und Ordnungsmaßnahmen. Dies liegt jedoch weder im Interesse der Lehrkräfte noch der Schüler oder Eltern. Lehrkräfte können unerwünschte Tätigkeiten bis zu einem gewissen Grade hinnehmen, sie können sie als Hinweis verstehen, ihren Unterricht methodisch umzugestalten, oder sie können die Situation mit den Schülern besprechen. All dies benötigt keine rechtliche Würdigung. Ohnehin sind die meisten Probleme in der Schule eher pädagogischer oder methodisch-didaktischer Art.

Unterrichtsstörungen können aber auch so weit gehen, dass die Lehrkraft eine Ordnungsmaßnahme verhängen möchte. Eine solche Maßnahme greift mindestens in das Recht auf die freie Entfaltung der Persönlichkeit (Art. 2 Abs. 1 GG) ein, sodass schon das Rechtsstaatlichkeitsgebot eine vollständige Ermittlung des Sachverhalts gebietet. Es reicht nicht mehr aus, wenn die Lehrkraft allein auf ihre individuellen Wahrnehmungen vertraut, denn dies führt zu vorschnellen Entscheidungen. Der ursprünglich sich darstellende Sachverhalt muss ergänzt werden, beispielsweise durch die Befragung von Betroffenen und Zeugen; Glaubwürdiges muss von Unglaubwürdigem unterschieden werden. Auf diese Weise gewinnt der Sachverhalt an Vollständigkeit. Eine Verpflichtung hierzu ergibt sich aus § 24 Abs. 1 VwVfG in allen Ländern: Die Behörde (hier die Schule) muss die für die Entscheidung maßgeblichen Tatsachen umfassend ermitteln.

Mit der Sachverhaltsermittlung geht die Suche nach den entscheidungsrelevanten Rechtsnormen einher (Reimer 2020, Rn. 67 ff.; Möllers 2021: 520 ff.). Diese bestimmen die Relevanz einzelner Aspekte der Tatsachenermittlung. Eine Schülerin, die regelmäßig den Unterricht stört, sich dessen aber bewusst ist und mithilfe des Schulsozialarbeiters an einer Besserung des Verhaltens arbeiten möchte, muss auch rechtlich anders behandelt werden als eine uneinsichtige Schülerin. Wendet man Hamburger Recht an, dann würde man im ersten Fall eine Erziehungsmaßnahme (§ 49

Abs. 2 HmbSG), im zweiten Fall möglicherweise eine Ordnungsmaßnahme (§ 49 Abs. 4 HmbSG) in Betracht ziehen, ohne sich an dieser Stelle bereits festzulegen.

2.3 Auffinden von Rechtsnormen

Wie aber findet man überhaupt eine Rechtsnorm, die zum Sachverhalt passt? Juristen nutzen bei ihrer Recherche große Gesetzessammlungen, etwa den »Sartorius« für das Verfassungs- und Verwaltungsrecht. Dieser enthält aber Bundesgesetze. Demgegenüber ist Schulrecht Landesrecht: Schulen unterliegen der alleinigen Gesetzgebung und Verwaltungshoheit der Länder in schulorganisatorischen, pädagogischen und inhaltlichen Fragen (Art. 70 ff., 30 GG; BVerfGE 53, 185, Rn. 195 f.). Weil Schulrecht eine sehr spezielle Materie ist, findet es sich leider auch in den gedruckten Sammlungen der Landesgesetze nur unzureichend.

Der einfachste Weg, schulrelevante Rechtsnormen zu finden, sind deshalb die frei zugänglichen Rechtsportale der Länder. Nordrhein-Westfalen verfügt zusätzlich über eine spezielle Datenbank ausschließlich für Schulrecht, die »Bereinigte Amtliche Sammlung der Schulvorschriften NRW« (bass.schul-welt.de), andere geben Broschüren mit den wesentlichen Bestimmungen heraus, so Thüringen. Eine Übersicht hat das Leibniz-Institut für Bildungsforschung und Bildungsinformation auf seinem Bildungsserver zusammengestellt (www.bildungsserver.de/schulrecht-72-de.html, Stand: 9. 2. 2024).

Die Rechtsquellen lassen sich in eine Rangfolge bringen, die sich für das Schulrecht wie folgt darstellt:

1. Grundgesetz	
2. Landesverfassungsrecht	
3. Formelle Gesetze	Materielle Gesetze
4. Rechtsverordnungen	
5. Verwaltungsvorschriften	

Materielle Gesetze stellen keine weitere Hierarchiestufe dar, sondern umfassen die allgemein verbindlichen Regelungen, sodass alle Rechtsverordnungen materielle Gesetze sind. Formelle Gesetze sind in den meisten Fällen auch materielle Gesetze. Es gibt jedoch Ausnahmen: Haushaltsgesetze, die nach Art. 110 Abs. 2 GG erlassen werden, wirken nicht auf Pflichten und Rechte der Bürger oder anderer Rechtssubjekte ein und sind deshalb keine materiellen, sondern nur formelle Gesetze (Detterbeck 2023, Rn. 89).

Die am weitesten unten stehenden Rechtsquellen haben bei der Anwendung Vorrang, denn sie sind in der Regel detaillierter, sodass ein Rückgriff auf eine höhere Norm entbehrlich ist. So finden sich beispielsweise in Hessen sowohl in § 82 HSchG als auch in §§ 64 ff. VOGSV Regelungen zu den pädagogischen Maßnahmen und zu den Ordnungsmaßnahmen. Für Lehrkräfte erübrigt sich dann der Rückgriff auf das formelle Gesetz. Allerdings darf das höherrangige Recht nicht völlig ignoriert werden, weil es im Zweifel vorrangige Geltung hat (Reimer 2020, Rn. 185 ff.).

Rechtsquellenhierarchie

- *Anwendungsvorrang:* Die rangniedrige Norm wird zuerst angewendet.
- *Geltungsvorrang:* Bei einem Normenkonflikt gilt die höherrangige Norm.

Umstritten ist, ob auch Verwaltungsvorschriften zu den Rechtsquellen gehören, weil sie nur innerhalb der Behörde gelten (Detterbeck 2023, Rn. 100 ff.). Gleichwohl sind sie für Lehrkräfte verbindlich und haben daher zumindest mittelbaren Einfluss auf Schüler und Eltern. Sie dienen in erster Linie der Interpretation und Konkretisierung der materiellen Gesetze. Die Kultusministerien wollen mit ihnen erreichen, dass das Recht so angewendet wird, wie sie es intendieren.

Wenn man ein Gesetz oder eine Verwaltungsvorschrift in einer Datenbank gefunden hat, ist die Hierarchiestufe nicht immer eindeutig zu erkennen. Selbst wenn die Datenbank – wie in Hessen – zwischen Gesetzen/Verordnungen und Verwaltungsvorschriften unterscheidet, ist die Zuordnung gelegentlich falsch. Man sieht die Unterschiede jedoch am formalen Aufbau (hier am Beispiel Bayerns dargestellt):

- Formelle Gesetze beginnen mit Bezeichnung, Abkürzung, Ausfertigungsdatum. Beispiel: »Bayerisches Gesetz über das Erziehungs- und Unterrichtswesen (BayEUG) in der Fassung der Bekanntmachung vom 31. Mai 2000«. Manchmal fängt das Gesetz mit einer Eingangsformel an wie: »Der Landtag des Freistaates Bayern hat das folgende Gesetz beschlossen, das hiermit bekannt gemacht wird.«
- Rechtsverordnungen enthalten zusätzlich in der Eingangsformel die Ermächtigungsnorm wie »auf Grund von Art. 9 Abs. 4 Satz 2, Art. 25 Abs. 3 Satz 1 [...] des Bayerischen Gesetzes über das Erziehungs- und Unterrichtswesen (BayEUG) [...] erlässt das Bayerische Staats-

ministerium für Unterricht und Kultus folgende Verordnung«.

- Verwaltungsvorschriften enthalten neben Titel und Datum ein Aktenzeichen, zum Beispiel »Durchführungshinweise zu Schülerfahrten. Bekanntmachung des Bayerischen Staatsministeriums für Unterricht und Kultus vom 9. Juli 2010, Az. II.1–5 S 4432–6.61 208«. Manchmal werden sie auch als »Erlass« bezeichnet.

Trotz der alleinigen Zuständigkeit der Länder existieren länderübergreifende Vereinbarungen, die von der Ständigen Konferenz der Kultusminister der Länder (KMK) erarbeitet werden. Diese fließen in die Gesetzgebung der Länder ein, um den Grundsatz der Bundestreue zu wahren (Art. 20 Abs. 1 GG). Sowohl der Bund und die Länder als auch die Länder untereinander sind dem gesamtstaatlichen Gemeinwohl verpflichtet. Deshalb müssen Schulgesetze so ausgestaltet sein, dass Schulabschlüsse bundesweit die gleiche Qualität aufweisen und dass ein Schulwechsel von einem Land zu einem anderen nicht unmöglich ist (Rux 2018, Rn. 94 ff.).

Um rechtliche Probleme zu lösen, benötigt man einen Überblick über die wichtigsten Rechtsquellen. Allerdings sind gerade im Schulrecht zu viele Gesetze und Verordnungen in Kraft, als dass man sie nur ansatzweise kennen könnte. In diesem Fall helfen die Rechtsportale der Bundesländer durch die Möglichkeit, nach Stichworten zu suchen oder sich die Inhaltsverzeichnisse der wichtigsten Gesetze anzusehen.

2.4 Rechtssätze

Gesetze bestehen aus einzelnen Regeln, die beanspruchen, für jedermann zu gelten und eingehalten zu werden. Sie betreffen – im Gegensatz zu den konkreten Maßnahmen der Schule – nicht einen Einzelfall, sondern eine Vielzahl von Fällen und einen nicht individuell bestimmbaren Personenkreis.

Die abstrakt-generellen Regeln des Gesetzes haben die sprachliche Form eines Satzes (Larenz/Canaris 1995: 71 ff.), in dem Tatbestand und Rechtsfolge miteinander verknüpft sind. Zum Tatbestand gehören die Voraussetzungen, die erfüllt sein müssen, damit die benannte Rechtsfolge eintritt. Nehmen wir als Beispiel § 50 Satz 1 SchulG M-V: »Schülerinnen und Schüler, die die Schulpflicht nicht erfüllen, können zwangsweise zur Schule gebracht werden, wenn andere Mittel erfolglos geblieben oder nicht erfolgversprechend sind.« Der Rechtssatz enthält zwei Tatbestände: (1) Der Schüler erfüllt die Schulpflicht nicht. (2) Andere Mittel sind entweder erfolglos geblieben oder nicht erfolgversprechend. Nur wenn diese Tatbestände erfüllt sind, ergibt sich die Rechtsfolge, dass ein Schüler zwangsweise der Schule zugeführt werden kann. Rechtssätze lassen sich meist als Konditionalsätze formulieren: »Wenn Schüler die Schulpflicht nicht erfüllen, dann ...«. Das Modalverb »kann« zeigt an, dass die Schule nicht handeln muss, sondern ihr ein Entscheidungsfreiraum bleibt, auch wenn die Tatbestände gegeben sind (Kapitel 4.3, S. 85).

Neben diesen vollständigen gibt es noch andere, sogenannte unvollständige Rechtssätze. Sie erläutern bzw. beschränken vollständige Rechtssätze oder enthalten Verweise:

- *Erläuternde* Rechtssätze spezifizieren, definieren oder erklären. Beispiel: »Lehrerin oder Lehrer im Sinne dieses Gesetzes ist, wer an einer Schule selbstständig Unterricht erteilt.« (§ 86 Abs. 1 Satz 1 HSchG)
- *Einschränkende* Rechtssätze begrenzen die Anwendbarkeit: »Die Umwandlung einer schulformübergreifenden (integrierten) Gesamtschule in eine schulformbezogene (kooperative) Gesamtschule gilt nicht als Errichtung im Sinne von Satz 1.« (§ 26 Abs. 4 Satz 2 HSchG)
- *Verweisende* Rechtssätze stellen eine Referenz zu einem anderen Rechtssatz her: »Das Gleiche gilt für die Beurteilung des Arbeits- und Sozialverhaltens der Schülerinnen und Schüler in Zeugnissen.« (§ 73 Abs. 1 Satz 2 HSchG)

Rechtssätze dürfen nie isoliert betrachtet werden, sondern entfalten ihren Sinn im Zusammenspiel. Besonders deutlich wird dies beim Elternrecht, das in den Schulgesetzen an einer Vielzahl von Stellen konkretisiert ist.

Gerade im Schulrecht finden sich außerdem Rechtssätze, die sich nicht in eine »Wenn-Dann-Form« bringen lassen, sondern einen erwünschten Zustand benennen. So heißt es in § 3 Abs. 4 Satz 1 HSchG: »Die Schule soll Voraussetzungen zur Förderung der Gleichberechtigung von Jungen und Mädchen schaffen.« Die Lehrkräfte erhalten mit solchen Rechtssätzen einen Auftrag und eine Orientierung für ihr Handeln, durch die die pädagogische Freiheit begrenzt wird. Es sind eher Prinzipien als Regeln, denn solche Sätze gebieten, dass etwas im Rahmen des tatsächlich Machbaren in möglichst hohem Maße erreicht wird. Regeln müssen demgegenüber vollständig erfüllt werden. Sowohl

Regeln als auch Prinzipien sind Normen, denn sie drücken nicht aus, dass etwas ist, sondern dass etwas sein soll. Sie sind nicht wahr oder falsch, sondern gebieten, verbieten oder erlauben etwas. Sie folgen damit der deontischen Logik (Alexy 2020: 72).

Rechtssätze stellen die objektive Seite des Rechts dar. Bedeutung gewinnen sie aber erst dadurch, dass sie subjektive Rechte verleihen. Durch das Schulgesetz haben Eltern und Schüler die Möglichkeit, von der Schule bzw. von den Lehrkräften als Amtswalter ein bestimmtes Tun, Dulden oder Unterlassen zu verlangen. Das Schulrecht verleiht ihnen den Status von Rechtssubjekten, die sich ungerechtfertigter Eingriffe des Staates erwehren können (Storr/Schröder 2021: 49 ff.). Solche Ansprüche, die aus dem objektiven Recht entstehen, bezeichnet man als subjektives öffentliches Recht.

2.5 Das Gutachten – Kern des juristischen Denkens

Wenn der Sachverhalt erfasst ist, passende Rechtsnormen gefunden und im Hinblick auf Tatbestand und Rechtsfolge analysiert wurden, beginnt die eigentliche Arbeit. Ziel ist es, herauszufinden, ob alle Tatbestände einer Norm durch den Sachverhalt gedeckt sind (Hildebrand 2017; Möllers 2021: 120 ff.). Die Anwendung des Gesetzes auf den Fall geschieht durch einen Syllogismus, den bereits Aristoteles (384–324 v. Chr.; 2007: 19) in seiner *Analytica Priora* beschrieben hat: »Denn wenn das A von jedem B und das B von jedem C [ausgesagt wird], so wird notwendig auch das A von jedem C ausgesagt.« Ein solcher Syllogismus besteht aus zwei Prämissen und einer Konklusion. Um das klassische Beispiel zu nehmen: (1) Alle Menschen sind sterblich. (2) Sokrates ist ein Mensch. (3) Also: Sokrates ist sterblich.

In den Rechtswissenschaften ist der Syllogismus Teil des Gutachtenstils. Dieser Stil stellt sicher, dass jeder Aspekt durchdacht wird, bevor man sich auf ein Ergebnis festlegt. Er hilft, vorschnelles Denken zu vermeiden und zu hinterfragen, was selbstverständlich erscheint. Im Gutachtenstil wird dem eigentlichen Syllogismus eine These (Rechtsfrage) vorangestellt, die als Obersatz bezeichnet wird. Der Obersatz steht in der Regel im Konjunktiv II (könnte, müsste). Alternativ kann er mit Phrasen wie »fraglich ist« oder »problematisch ist« eingeleitet werden, vor allem, wenn es um Hauptprobleme geht. Manchmal werden nur Voraussetzung und Sachverhalt genannt: »Das Verbot stellt einen Verwaltungsakt dar, wenn es die Merkmale des § 35 VwVfG erfüllt.«

Hier ein allgemeines Beispiel:

Obersatz	Kassel könnte eine Großstadt sein.
Definition	Eine Großstadt ist eine Stadt mit mehr als 100 000 Einwohnern.
Subsumtion	Kassel hat 204 202 Einwohner (Dezember 2022).
Ergebnis	Kassel ist eine Großstadt.

Im Vergleich zum aristotelischen Syllogismus zerfällt die erste Prämisse in den Obersatz und seine Definition. In der Subsumtion legt man die abstrakte Definition und die konkrete Fallinformation gedanklich wie Folien übereinander, um zu sehen, ob beide deckungsgleich sind (Gußen 2020: 29). Die Subsumtion ist dann gelungen, wenn keine Fragen offenbleiben und sich das Ergebnis geradezu aufdrängt.

Betrachten wir ein Beispiel aus dem Schulrecht. Nehmen wir an, eine Berliner Lehrerin fragt sich, ob ihr Schüler Carlos, der einen Berufsausbildungsvertrag mit einem Dachdeckerbetrieb geschlossen hat, der Schulpflicht unterliegt:

Obersatz	Carlos könnte nach § 43 Abs. 1 SchulG Berlin berufsschulpflichtig sein.
Definition	Berufsschulpflichtig ist, wer in einem Berufsausbildungsverhältnis steht (§ 43 Abs. 1 Satz 1 SchulG Berlin). Dies setzt einen Berufsausbildungsvertrag im Sinne des Berufsbildungsgesetzes (§ 10 Abs. 1 BBiG) voraus.
Subsumtion	Carlos hat einen Berufsausbildungsvertrag nach § 10 Abs. 1 BBiG mit einem Dachdeckerbetrieb geschlossen.
Ergebnis	Carlos ist folglich gemäß § 43 Abs. 1 SchulG Berlin berufsschulpflichtig.

Die Gewinnung von Obersatz und Definition sind alles andere als trivial. Beide müssen zum Sachverhalt passen, sie dürfen keine unwesentlichen Aspekte enthalten, aber ebenso wenig dürfen sie Wesentliches unterschlagen. In diesem Zusammenhang wird häufig Engisch (1943: 15) zitiert, der meint, dass der Blick zwischen Obersatz (bzw. Definition) und Lebenssachverhalt so lange hin- und herwandern müsse, bis die zur Beantwortung der Fallfrage wesentlichen Elemente gefunden sind.

Obersatz und insbesondere Definition entstehen nicht einfach durch Zitat des Gesetzes, sondern durch Auslegung (Interpretation). Im Berliner Schulgesetz wird die Berufsschulpflicht mit einem Berufsausbildungsverhältnis im Sinne des BBiG verknüpft. Es muss deshalb geklärt werden, was eigentlich ein Berufsausbildungsverhältnis ausmacht. Das Schulgesetz verweist auf das BBiG, ohne weitere Angaben zu machen. Wir müssen also die relevante Norm selbst ermitteln, hier § 10 Abs. 1 BBiG: »Wer andere Personen zur Berufsausbildung einstellt (Ausbildende), hat mit den Auszubildenden einen Berufsausbildungsvertrag zu schließen.« Durch Auslegung kommen wir zu der Erkenntnis, dass mit dem Vertragsschluss nicht nur die Berufsausbildung beginnt, sondern auch die gesetzliche Schulpflicht. Es zeigt sich hier, dass sich der Obersatz häufig nicht aus einem einzigen Rechtssatz gewinnen lässt, sondern dass man je nach Sachverhalt verschiedene Normen heranziehen muss.

Gutachterlicher Viererschritt

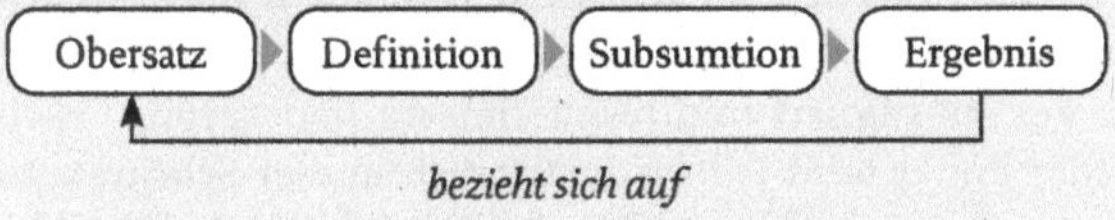

Für das Finden einer Definition gibt es folgende Möglichkeiten (Möllers 2021: 133 ff.):

- Die Definition steht im Gesetz (Legaldefinition). Beispiel: »Erziehungsberechtigte« in § 88 Abs. 4 Satz 1

SchulG Berlin. Solche Definitionen haben immer Vorrang.

- Heranziehen der Rechtsliteratur, insbesondere Kommentare und Urteile der obersten Gerichte.
- Aufgreifen fachspezifischer Terminologie, zum Beispiel aus der erziehungswissenschaftlichen Fachliteratur.
- Rückgriff auf den allgemeinen Sprachgebrauch, zum Beispiel durch Nachschlagewerke wie die Duden-Wörterbücher.

Ganz allgemein gilt: Unklare oder mehrdeutige Begriffe müssen konkretisiert und ausgelegt werden. Hiermit beschäftigen wir uns genauer in Kapitel 5.

Bei der gedanklichen Erstellung und bei der Niederschrift eines Gutachtens kommt der gutachterliche Viererschritt meist mehrfach vor. Der erste Viererschritt schließt sich wie eine Klammer um das gesamte Gutachten. Im ersten Obersatz legt man fest, welche Rechtsfrage insgesamt beantwortet werden soll. Es ergeben sich dann unterschiedliche Aspekte, die wiederum definiert und subsumiert werden und zu Zwischenergebnissen führen. Diese werden unter die Tatbestandsmerkmale des ersten Obersatzes subsumiert und resultieren im Endergebnis. Nicht jeder Punkt wird jedoch ausführlich in vier Schritten geprüft. Das Gutachten soll Gedankengänge nachvollziehbar machen und keine überflüssigen Doppelungen enthalten.

Auch hierzu ein Beispiel: Hannah ist Schülerin in einer achten Realschulklasse in Hessen und hat zum Schuljahresende eine mangelhafte Leistung in Englisch. Auch die anderen Noten der zuvor erfolgreichen Schülerin haben sich verschlechtert. Als mögliche Ursache steht die längere schwere Erkrankung ihrer Mutter im Raum, die sich aber nun auf dem Wege der Besserung befindet. Bereits jetzt arbeitet Hannah wieder gut mit, jedoch reicht die kurze Zeit bis zur Versetzungskonferenz nicht aus, um die schlechte Leistung in Englisch zu kompensieren. Ihre Klassenlehrerin fragt sich, ob Hannah dennoch versetzt werden kann. Zur Vereinfachung beziehen wir uns nur auf die Regelungen des HSchG und nehmen an, dass es keine weiteren anwendbaren Vorschriften gibt. Die gutachterliche Lösung des Falles kann dann folgendermaßen aussehen, wobei die eingeklammerten Begriffe der Veranschaulichung dienen und normalerweise nicht genannt werden:

- Hannah könnte einen Anspruch auf Versetzung in die nächste Jahrgangsstufe nach § 75 Abs. 1 HSchG haben. *[Obersatz]*
- Eine Versetzung ist zunächst nach § 75 Abs. 1 Nr. 1 HSchG möglich, wenn ein Schüler in allen Fächern mindestens mit ausreichend bewertet wird. *[Obersatz 1 mit Definition]*
- Hannah hat jedoch in Englisch die Note »mangelhaft« erzielt. *[Subsumtion 1]*
- Hannah wird folglich nach § 75 Abs. 1 Nr. 1 HSchG nicht in die Jahrgangsstufe 9 versetzt. *[Ergebnis 1]*
- Eine Versetzung könnte jedoch trotz nicht ausreichender Leistungen gemäß § 75 Abs. 1 Nr. 2 HSchG geboten sein. *[Obersatz 2]*
- Dies setzt voraus, dass unter Berücksichtigung der Lernentwicklung eine erfolgreiche Teilnahme am Unterricht des nächsthöheren Schuljahrgangs erwartbar ist. *[Definition 2a]* Unter Lernentwicklung versteht

man den Verlauf der Lernerfolge und des Arbeitsverhaltens. Hieraus muss sich eine positive Prognose ableiten lassen. *[Definition 2b]*

- Hannah war vor der Krankheit ihrer Mutter eine gute Schülerin. Mit der Erkrankung haben sich ihre Leistungen verschlechtert. Die Mutter ist nun wieder gesund, und die Leistungen werden besser. Man kann daher prognostisch annehmen, dass das Leistungstief auch in Englisch im kommenden Schuljahr überwunden ist, zumal Hannah in den Sommerferien Stoff nachholen kann. *[Subsumtion 2]*
- Hannah hat daher gemäß § 75 Abs. 1 Nr. 2 HSchG einen Anspruch auf Versetzung. *[Ergebnis 2]*
- Hannah hat einen Anspruch auf Versetzung in die nächste Jahrgangsstufe nach § 75 Abs. 1 HSchG. *[Gesamtergebnis]*

Manchmal stellt sich die Frage, welche Vorteile der kompliziert erscheinende Gutachtenstil hat. Die Lehrkraft könnte alternativ nach einer rechtlichen Begründung suchen, um Hannah zu versetzen, und findet die Legitimation in § 75 Abs. 1 Nr. 2 HSchG. Sie brauchte sich dann gar nicht mehr mit anderen Versetzungsregeln zu beschäftigen. Doch diese induktive Vorgehensweise hat Nachteile: Zum einen neigt man dazu, wiederkehrende Beobachtungen zu generalisieren und nicht mehr zu hinterfragen. Hätte Hannah immer ausreichende Leistungen in Englisch gezeigt, dann erschiene die plötzlich mangelhafte Leistung als nicht überraschend und die Zeugniskonferenz hätte gar nicht erst einen besonderen Grund für den Leistungsabfall in Erwägung gezogen. Zum anderen sucht man weniger nach Argumenten, um eine Position zu entkräften, wenn man sich bereits aufgrund der Erfahrung festgelegt hat.

Der deduktive Gutachtenstil ermöglicht demgegenüber einen neutralen Blick, indem alles am Gesetz geprüft wird, und zwar auch dann, wenn es zunächst als unnötig erscheint. Das Gutachten liefert das bessere Ergebnis, weil in ihm die Argumentation logisch fehlerfrei aufgebaut ist und weil sich die aufgestellten Prämissen aus einer korrekten Anwendung des Rechts ergeben (Alexy 1983: 261 ff.).

Man könnte nun davon ausgehen, dass das im Gutachten gefundene Ergebnis auch das einzig Richtige ist. Dies wäre jedoch ein zu optimistischer Anspruch (Möllers 2021: 23 ff.). Schon die einzelne Norm ist manchmal nicht so eindeutig, wie man annehmen möchte. Ihr Sinn muss erst erschlossen werden; Gesetze müssen ausgelegt, also interpretiert werden.

Die Grenze der Auslegung bildet das Gesetz selbst; sie darf nicht über das hinausgehen, was das Gesetz unabhängig vom genauen Wortlaut beabsichtigt. Sonst würden Gesetze zwar Orientierung geben, aber keine verlässliche Ordnung stiften. Der Gutachtenstil ist die Methode, um aus mehreren denkbaren Lösungen diejenige zu ermitteln, die dem Geist des Gesetzes am ehesten entspricht und deshalb am überzeugendsten ist.

2.6 Schulische Rechtsgebiete und ihre Anwendung

Die Rechtsordnung unterscheidet zwischen Zivilrecht, Strafrecht und öffentlichem Recht. Alle drei Rechtsgebiete können in der Schule vorkommen, wobei das Schulrecht selbst zum öffentlichen Recht zählt.

Zivilrecht

Das Wesen des Zivilrechts liegt in der Privatautonomie. Bürger sollen durch Rechtsgeschäfte ihre Lebensverhältnisse eigenverantwortlich und gleichberechtigt gestalten. In der Schule geschieht dies beispielsweise dann, wenn Lehrkräfte für ihre Klassen Lektüren bestellen oder Klassenfahrten buchen. Die wichtigste Handlungsform ist die des Vertrags. Hierunter versteht man die von zwei oder mehr Personen erklärte Willensübereinstimmung zur Herbeiführung eines rechtlichen Erfolgs. Die Regelungen finden sich im BGB. Im Streitfall sind die Zivilgerichte zuständig.

Strafrecht

Weil die Schule ein Mikrokosmos der Gesellschaft ist, finden sich auch strafrechtliche Tatbestände. Beleidigungen, üble Nachrede, Körperverletzungen, Diebstähle, Sachbeschädigungen oder sexuelle Übergriffe kommen häufiger vor, als man denkt. Die strafrechtlichen Folgen können Schüler ab dem 14. Lebensjahr treffen und sind im JGG in Verbindung mit dem StGB geregelt.

Das Jugendstrafrecht ist am Erziehungsgedanken orientiert und will soziale Anpassung erreichen und weiteren Straftaten vorbeugen. Es tritt damit neben das elterliche Erziehungsrecht (BeckOK/Putzke JGG 2023, JGG § 2,

Rn. 13 ff.). Da die Schule ebenfalls einen Erziehungsauftrag hat, müssen Lehrkräfte und Schulleitungen im Einzelfall abwägen, wie sie mit einer vermuteten Straftat umgehen. Nicht in jedem Fall ist eine Anzeige sinnvoll. Die Schule kann von einer Anzeige absehen, wenn sie Ordnungs- oder Erziehungsmaßnahmen für ausreichend hält. Für Schulen (Lehrkräfte, Schulleitung) besteht grundsätzlich keine Verpflichtung, begangene Straftaten anzuzeigen; sie sind keine Strafverfolgungsbehörden (KK-StPO/Weingarten 2023, StPO § 158, Rn. 25 ff.). Eine Ausnahme gilt für bestimmte Straftaten, wenn Lehrkräfte von deren Planung erfahren (§ 138 StGB). Hierzu gehört beispielsweise die Brandstiftung (§§ 306 ff. StGB).

Ist die Anzeige nicht verpflichtend, müssen Lehrkräfte beachten, dass sie unter Umständen nach § 37 BeamtStG zur Verschwiegenheit verpflichtet sind. Hat eine Lehrkraft von einer Tatsache in Zusammenhang mit ihrer dienstlichen Tätigkeit erfahren, muss sie die Genehmigung für eine Anzeige durch den zuständigen Dienstvorgesetzten einholen. Ähnliches gilt auch für gerichtliche oder außergerichtliche Aussagen. Viele Bundesländer regeln das Verfahren in eigenen Erlassen, zum Beispiel in Nordrhein-Westfalen: »Zusammenarbeit bei der Verhütung und Bekämpfung der Jugendkriminalität«.

Öffentliches Recht

Das für die Schule relevante öffentliche Recht lässt sich in Staatsrecht (vor allem Grundrechte, GG) und Verwaltungsrecht unterteilen. Das Verwaltungsrecht wiederum besteht aus dem allgemeinen und dem besonderen Verwaltungsrecht. Das allgemeine Verwaltungsrecht umfasst die Regelungen, die insgesamt die öffentliche Verwaltung betreffen. Für die Schule sind hier die VwVfG der Länder und die VwGO von Bedeutung. Das Schulrecht selbst ist ein Teilbereich des besonderen Verwaltungsrechts, zu dem auch das Beamten- oder Sozialrecht zählen.

Schulrecht ist weder Zivil- noch Strafrecht. Vom Zivilrecht lässt sich es sich als öffentliches Recht anhand von unterschiedlichen Theorien abgrenzen (Detterbeck 2023, Rn. 1323 ff.). Zwei davon sind in der Praxis relevant. Bei der Subordinationstheorie stellt man darauf ab, dass in einer konkreten Angelegenheit ein Über-Unterordnungsverhältnis zwischen Staat und Bürger besteht. Bei einer Versetzungsentscheidung wird dies deutlich: Die Lehrkräfte entscheiden einseitig über das Vorrücken von Schülern. Allerdings hat die Subordinationstheorie auch Schwächen. So sind Eltern ihren Kindern übergeordnet, weil sie ihr Kind rechtlich vertreten (§ 1629 Abs. 1 Satz 1 BGB). Trotzdem ist die Beziehung nicht öffentlich-rechtlich. Man greift dann auf die Sonderrechtstheorie zurück. Hierbei wird Bezug auf die in einem konkreten Fall maßgebliche Norm genommen. Verpflichtet oder berechtigt diese in allen denkbaren Fällen einen Träger öffentlicher Gewalt, dann gehört sie zum öffentlichen Recht. Somit sind Fälle, die sich aus dem Schulgesetz bzw. einer zugehörigen Rechtsverordnung ergeben, öffentlich-rechtlicher Natur.

Im Schulrecht begegnen uns zwei wesentliche Handlungsformen: Realakt und Verwaltungsakt (Detterbeck 2023, Rn. 420 ff., 885 ff.). In der Tätigkeit von Lehrkräften überwiegen Realakte. Das sind Handlungen, die nicht auf das Herbeiführen einer Rechtsfolge gerichtet sind, beispielsweise Bewertungen von Klassenarbeiten und mündlichen Leistungen oder pädagogische Maßnahmen wie Gespräche, Ermahnungen oder die Beauftragung mit Aufgaben. Demgegenüber haben Verwaltungsakte eine deutlich höhere Eingriffsintensität. Hierzu zählen beispielsweise Ordnungsmaßnahmen, Versetzungen in die nächsthöhere Jahrgangsstufe, die Verweigerung der Aufnahme in eine Schule. Was ein Verwaltungsakt ist, ist in § 35 Satz 1 der VwVfG der Länder bzw. des Bundes legal definiert: »Verwaltungsakt ist jede Verfügung, Entscheidung oder andere hoheitliche Maßnahme, die eine Behörde zur Regelung eines Einzelfalls auf dem Gebiet des öffentlichen Rechts trifft und die auf unmittelbare Rechtswirkung nach außen gerichtet ist.«

Rechtliche Handlungsformen in der Schule

Schulrecht, weiteres Verwaltungsrecht:	Realakt, Verwaltungsakt
Strafrecht:	Strafanzeige
Zivilrecht:	Vertrag

Ob ein Verwaltungsakt vorliegt, kann mithilfe des Gutachtenstils geprüft werden. Als Beispiel betrachten wir den Vermerk auf einem Zeugnis einer hessischen Realschule: »Die Schülerin ist nicht in die Jahrgangsstufe 9 versetzt.«

Der Obersatz lautet: Die Verweigerung der Versetzung in die Jahrgangsstufe 9 könnte ein Verwaltungsakt nach § 35 Satz 1 HVwVfG sein (zu den einzelnen Merkmalen

Schoch/Schneider/Knauff 2023, VwVfG § 35, Rn. 47ff.). Hierzu muss es sich zunächst um eine hoheitliche Maßnahme handeln. Eine Maßnahme ist jedes Handeln mit Erklärungsgehalt; eine hoheitliche Tätigkeit setzt ein Über-Unterordnungsverhältnis voraus. Mit dem Zeugnisvermerk erklärt die Schule gegenüber der Schülerin und deren Eltern, dass diese die vorangegangene Jahrgangsstufe wiederholen muss, und tritt dabei einseitig autoritär auf. Es handelt sich somit um eine hoheitliche Maßnahme. Weiterhin muss die Maßnahme von einer Behörde erlassen worden sein. Eine Behörde ist »jede Stelle, die Aufgaben der öffentlichen Verwaltung wahrnimmt« (§ 1 Abs. 2 HVwVfG). Eine Stelle ist in diesem Sinne eine mit hinreichender organisatorischer Eigenständigkeit ausgestattete Einrichtung, die aufgrund öffentlich-rechtlicher Vorschriften befugt ist, im eigenen Namen rechtsverbindlich nach außen zu handeln (Detterbeck 2023, Rn. 428). Der Schule sind – unabhängig vom Wechsel der Personen – eigenverantwortlich öffentliche Aufgaben übertragen (§ 127 Abs. 1, 2 HSchG). Hierzu gehören die Bewertung durch die Lehrkräfte (§ 73 Abs. 3 HSchG) und die Entscheidung über die Versetzung (§ 75 Abs. 4 HSchG). Folglich handelt die Schule in diesem Fall als Behörde. Ihr Handeln ist zudem öffentlich-rechtlich; es bezieht sich auf Normen, die ausschließlich die Schule als Trägerin öffentlicher Gewalt berechtigen oder verpflichten. Weiterhin muss die Schule eine Regelung getroffen haben. Eine Regelung bewirkt die Begründung, Aufhebung, Änderung, Feststellung oder Ablehnung von Rechten und zielt darauf ab, eine verbindliche Rechtsfolge zu setzen. Hier wird das Aufrücken der Schülerin in die nächsthöhere Jahrgangsstufe abgelehnt und führt zur

Nichtversetzung als Rechtsfolge. Es liegt also eine Regelung vor. Weiterhin muss es sich um einen Einzelfall handeln; die Regelung muss konkret-individueller Art sein. Sie betrifft eine bestimmte Situation einer einzelnen Person, hier die Nichtversetzung der Schülerin, sodass ein solcher Einzelfall vorliegt. Schließlich muss die Maßnahme Außenwirkung haben, also Rechtswirkung außerhalb der handelnden Behörde entfalten. Die Nichtversetzung betrifft die Schülerin in ihrer Individualität und nicht nur in ihrem Innenverhältnis zur Schule. So verzögert sich ihr Schulabschluss; sie kann erst später eine Ausbildung oder ein Studium beginnen. Außenwirkung ist somit gegeben. Ergebnis: Die Verweigerung der Versetzung in die Jahrgangsstufe 9 ist ein Verwaltungsakt nach § 35 Satz 1 HVwVfG.

Realakte und Verwaltungsakte haben unterschiedliche prozessrechtliche Konsequenzen (Detterbeck 2023, Rn. 1316 ff.). Gegen einen Verwaltungsakt gibt es verschiedene Rechtsmittel: den Widerspruch gegenüber der Behörde und, wenn dieser erfolglos bleibt, die Anfechtungs- oder Verpflichtungsklage vor dem Verwaltungsgericht. Auch wenn sich ein Verwaltungsakt nach Klageerhebung erledigt hat, kann er bei Vorliegen weiterer Voraussetzungen mit der Fortsetzungsfeststellungsklage angefochten werden. Damit kann der Betroffene einen gleichartigen Verwaltungsakt für die Zukunft verhindern.

Gegen Realakte kann man keinen Widerspruch einlegen, sich aber mit einer allgemeinen Leistungsklage zur Wehr setzen. In allen Fällen muss ein Rechtsschutzbedürfnis bestehen. Dieses fehlt, wenn eine Klage keinen rechtlichen oder tatsächlichen Vorteil mit sich bringt. So ist es sinnlos, gegen eine Klassenarbeitsnote zu klagen, weil die

Lehrkraft mit der Notengebung ihre Schüler lediglich informiert und ihnen eine Perspektive für ihre Leistungsentwicklung aufzeigt. Etwas anderes ist es, wenn die Note den Ausschlag für eine Versetzungsentscheidung gibt.

Realakt – Verwaltungsakt

- *Realakte* sind Verwaltungsmaßnahmen, die keine Regelung enthalten und daher keine Rechtswirkung entfalten.
- *Verwaltungsakte* sind einseitige, hoheitliche und verbindliche Einzelfallregelungen mit unmittelbarer Außenwirkung. Ob ein Verwaltungsakt vorliegt, beurteilt sich nach den Merkmalen des § 35 Satz 1 VwVfG.

•

Einheit der Rechtsordnung

Unabhängig davon, dass man die Rechtsordnung nach ihren Gegenständen aufteilen kann, bildet sie eine Einheit (Rüthers/Fischer/Birk 2020, Rn. 276 ff.). Es ist daher immer zu fragen, wie ein Rechtsproblem nach der Gesamtrechtsordnung zu lösen ist. Im Schulbereich wird dies besonders deutlich bei der Anwendung der Verordnungen zur Aufsicht über die Schüler. Fragt man nämlich, welche Rechtsfolgen sich aus einer Verletzung der Aufsichtspflicht ergeben, so findet man die Antwort in allen drei Rechtsgebieten.

Zivilrechtlich sind Lehrkräfte zum Schadensersatz verpflichtet, wenn sie vorsätzlich oder fahrlässig ihre Aufsichtspflicht und dadurch fremde Rechte verletzen (§ 839 BGB). Der Staat haftet zwar anstelle der Lehrkraft, kann sich aber seinerseits bei dieser schadlos halten, wenn sie nicht nur leicht fahrlässig gehandelt hat (Art. 34 GG).

Strafrechtlich können Lehrkräfte wegen Unterlassens (§ 13 Abs. 1 StGB) belangt werden, weil sie aufgrund der Aufsichtsverordnung eine besondere Rechtspflicht zum Handeln trifft. So müssen sich Lehrkräfte vergewissern, dass Schüler, mit denen sie eine Klassenfahrt unternehmen, nicht an einer gefährlichen Krankheit oder gesundheitlichen Beeinträchtigung leiden. Verzichten sie darauf und kommt ein Schüler zu Tode, besteht der Vorwurf der fahrlässigen Tötung nach §§ 222, 13 Abs. 1 StGB (OLG Düsseldorf, Beschluss vom 21. 6. 2023, 4 WS 73/23).

Öffentlich-rechtliche Konsequenzen ergeben sich schließlich aus den Disziplinargesetzen. Das Disziplinarrecht wiederum ist dem Strafrecht ähnlich, soll jedoch speziell die Verletzung von Pflichten sanktionieren, deren einwandfreie Erfüllung man von Lehrkräften aufgrund ihres Berufsstandes erwartet. Es ist daher möglich, dass eine Lehrkraft wegen desselben Fehlverhaltens strafrechtlich nicht, wohl aber disziplinarrechtlich zur Rechenschaft gezogen wird (NK-StGB/Neumann/Saliger 2023, Vorb. vor § 1, Rn 220 ff.).

3 Eltern oder Schule – Wer entscheidet? Die Anwendung der Grundrechte

In diesem Kapitel stehen die für die Schule besonders relevanten Grundrechte im Mittelpunkt. Es wird gezeigt, warum der Staat erzieherisch wirken darf und wann schulisches Eingreifen in Grundrechte rechtmäßig ist. Hierzu wird in die Methodik der Grundrechtsprüfung eingeführt und das Verhältnis der Grundrechte zueinander betrachtet, vor allem das Elternrecht und der staatliche Erziehungsauftrag.

3.1 Wie kommt das Schulrecht in das Grundgesetz?

In den ersten Entwürfen zum Grundgesetz fehlten im Gegensatz zur Weimarer Reichsverfassung Feststellungen zum Schulwesen. Man wollte zum einen auf Deklarationen verzichten, die nicht unmittelbar anwendbares individuelles Recht beinhalten (Pikart/Werner 1993: 15). Zum anderen sollte Schule allein Ländersache sein und in den Landesverfassungen geregelt werden. Erst am 5. Februar 1949 (also etwa dreieinhalb Monate vor der Verkündigung des Grundgesetzes im Bundesgesetzblatt) findet auf Vorschlag des sogenannten Fünferausschusses dann doch die Formulierung des heutigen Art. 7 Abs. 1 Eingang in das Grundgesetz: »Das gesamte Schulwesen steht unter der Aufsicht des Staates.« Ursächlich hierfür waren verschiedene Überlegungen.

Die Erfahrungen aus dem Nationalsozialismus hatten gezeigt, wie fatal es sein kann, wenn der Staat die Erziehung von Kindern übernimmt und für unmoralische Ziele missbraucht. Dies sollte durch Stärkung des Elternrechts verhindert werden. Seine Normierung im Grundgesetz war jedoch umstritten. Während die eine Seite den Eltern ein natürliches Recht zusprach, ihre Kinder nach ihren allgemeinen und religiösen Vorstellungen zu erziehen, verstand die andere Erziehung als Gemeinschaftsaufgabe. Heftig diskutiert wurde auch die Verbindung von Elternrecht und Religion: Wenn Eltern das Recht zur Erziehung ihrer Kinder haben, dann haben sie zudem Anspruch auf die Wahl einer konfessionsgebundenen Schule. Eine solche Festlegung hätte jedoch angesichts der Bevölkerungsbewegungen nach dem Zweiten Weltkrieg an manchen Orten zu sehr kleinen Schulen geführt, die man aus religiösen Zwängen hätte einrichten müssen.

Am Ende stand ein Kompromiss, der sich heute in den Art. 6 und 7 GG findet (Werner 1996; Jestaedt 2019). Das Elternrecht wird mit der Pflicht zur Erziehung der eigenen Kinder verbunden, und zwar so, dass die Eltern nicht in jeder Hinsicht selbst bestimmen können, sondern dass sie die Angelegenheiten ihrer Kinder treuhänderisch zu deren Wohl regeln müssen. Im Zusammenspiel von Art. 6 und 7 wird die Erziehung der schulpflichtigen Kinder zur gemeinsamen Angelegenheit von Schule und Elternhaus und erfordert gegenseitige Rücksichtnahme.

Neben dieser Konstruktion der gemeinsamen Erziehung durch Eltern und Schule wird als weiterer Kompromiss Religion zum ordentlichen Unterrichtsfach (Art. 7 Abs. 3 Satz 1 GG). Die anfängliche Idee, den Religionsunterricht der Aufsicht der Kirchen zu überlassen, wurde zugunsten einer umfassenden staatlichen Schulaufsicht verworfen. Dennoch erhält der Religionsunterricht eine exponierte Stellung. Er ist das einzige Schulfach mit Grundgesetzgarantie. Wiederum als Ausgleich wird in Art. 141 GG denjenigen Ländern, die am 1. Januar 1949 bereits eine andere landesrechtliche Regelung hatten, gestattet, auf Religion als Unterrichtsfach zu verzichten. Das gilt vor allem für Bremen. In Art. 32 der Landesverfassung der Freien Hansestadt Bremen vom 21. Oktober 1947 heißt es bis heute: »Die allgemein bildenden öffentlichen Schulen sind Gemeinschaftsschulen mit bekenntnismäßig nicht gebundenem Unterricht in Biblischer Geschichte auf allgemein christlicher Grundlage.«

Wie bereits die Weimarer Verfassung sieht das Grundgesetz die Einrichtung von Privatschulen und deren Gestaltungsautonomie (Art. 7 Abs. 4 Satz 1 GG) vor. Hierdurch schuf man den rechtlichen Rahmen für die Entwicklung einer vielfältigen Bildungslandschaft und ermöglichte wiederum den Kirchen, mit eigenen Schulen ihre weltanschaulichen Akzente zu setzen.

Ein Recht auf Bildung, wie es die Charta der Grundrechte der Europäischen Union in Art. 14 Abs. 1 formuliert, ist im Grundgesetz nicht explizit enthalten. Allerdings hat das Bundesverfassungsgericht ein solches Recht aus der Verbindung von Art. 2 Abs. 1 mit Art. 7 Abs. 1 GG hergeleitet (BVerfGE 159, 355). Indem der Staat die Aufsicht über das Schulwesen wahrnimmt, trifft ihn auch die Verpflichtung, die Schüler in ihrer Entwicklung zu eigenverantwortlichen Persönlichkeiten zu unterstützen. Hierzu muss er die schulischen Möglichkeiten schaffen, sodass sich ein einklagbarer Leistungsanspruch gegenüber dem Staat ergibt. Dabei geht das Recht auf schulische Bildung jedoch nicht so weit, dass der staatliche Gestaltungsspielraum beim Schulwesen eingeschränkt wird. Das Gericht hat deshalb klargestellt, dass ein Anspruch auf ein bestimmtes Schulangebot oder auf die Berücksichtigung individueller Interessen nicht bestehe. Auch könne der Staat festlegen, wie er öffentliche Mittel verwendet. Im Wesentlichen diene das Recht auf Bildung der Verwirklichung der Chancengleichheit und der Integration junger Menschen in Staat und Gesellschaft.

3.2 Das Grundrechtssystem

Will man die Rolle der Grundrechte in der Schule verstehen, muss man sich mit drei Fragen auseinandersetzen:

- Wer ist an die Grundrechte gebunden?
- Wer ist Träger von Grundrechten?
- Darf der Staat Grundrechte beschränken?

Grundrechtsverpflichtete und Grundrechtsträger

Im Gegensatz zur Weimarer Verfassung sieht das Grundgesetz eine umfassende Bindung der öffentlichen Gewalt – also Exekutive, Legislative und Jurisprudenz – an die Grundrechte vor (Art. 1 Abs. 3 GG). Eingriffe in Grundrechte bedürfen einer gesetzlichen Grundlage (Kapitel 1.1, S. 13) und müssen dem Gemeinwohl dienen (Hufen 2018: 40). Privatpersonen hingegen unterliegen keiner unmittelbaren Grundrechtsbindung. Deshalb kann sich ein unliebsamer Gast bei einer privaten Feier nicht auf die Meinungsfreiheit (Art. 5 Abs. 1 Satz 1 GG) berufen, wenn er eine den Gastgeber störende Ansicht äußert und gebeten wird, die Party zu verlassen.

Privatpersonen sind aber Träger von Grundrechten und werden durch diese rechtlich geschützt. Die meisten Grundrechte gelten für jede Person, so beispielsweise die Glaubensfreiheit (Art. 4 GG) oder das Recht auf freie Meinungsäußerung (Art. 5 GG). Andere richten sich nur an deutsche Staatsbürger, etwa die Versammlungsfreiheit (Art. 8 GG) oder die Berufsfreiheit (Art. 12 GG). Wegen des Diskriminierungsverbots innerhalb der Europäischen Union können sich aber Unionsbürger ebenfalls auf diese Rechte berufen (Art. 18 AEUV). Für andere gilt in solchen Fällen nur Art. 2 Abs. 1 GG. Das Grundgesetz schützt also ausdrücklich die allgemeine Handlungsfreiheit aller Menschen.

Gerade in der Schule stellt sich die Frage, ob Grundrechte auch uneingeschränkt für Minderjährige gelten (Münch/Kunig/Heiderhoff 2021, GG Art. 6, Rn. 17 ff.). Manchmal wird in diesem Zusammenhang von »Grundrechtsmündigkeit« gesprochen. Dieser Begriff führt aber in die Irre, denn das Grundgesetz enthält keine Altersbeschränkung, sodass Kinder stets Grundrechtsträger sind. Daran ändert auch nichts, dass sie von ihren Eltern rechtsgeschäftlich vertreten werden (§ 1629 Abs. 1 BGB) und dass sie deren Einwilligung benötigen, wenn sie eine Willenserklärung abgeben, die für sie nicht lediglich rechtlich vorteilhaft ist (§ 107 BGB). Es gibt aber Konstellationen, in denen Grundrechte bei Kindern nicht durchgreifen. Dies ist beispielsweise der Fall, wenn Kinder gar nicht in der Lage sind, ein grundrechtlich geschütztes Verhalten an den Tag zu legen. So kann ein Säugling vom Recht auf freie Meinungsäußerung (Art. 5 Abs. 1 Satz 1 GG) keinen Gebrauch machen.

Mit der psychischen Entwicklung und der Fähigkeit zur selbstständigen Ausübung von Rechten erweitert sich der persönliche Schutzbereich. Manchmal wird dieser Aspekt durch Gesetze normiert. So darf ein Kind nach der Vollendung des vierzehnten Lebensjahres sein religiöses Bekenntnis selbst bestimmen und sich damit selbstverantwortlich vom Religionsunterricht abmelden (§ 5 Satz 1 KErzG). In Abhängigkeit von der Reife und Einsichtsfähigkeit können Kinder ihre Grundrechte sogar eigenständig im Verfassungsbeschwerdeverfahren durchsetzen.

Neben natürlichen Personen sind auch juristische Personen des Privatrechts wie Aktiengesellschaften, GmbHs, Stiftungen oder Vereine Grundrechtsträger. In einer Schule können Vereine Träger der Mensa oder des Ganztagsangebots sein. Wenn der Schulträger oder die Schule dann zum Beispiel den Verkauf bestimmter Artikel verbietet oder Preise für bestimmte Waren festlegt, kann das Grundrecht der Berufsfreiheit (Art. 12 Abs. 1 i. V. m. Art. 19 Abs. 3 GG) betroffen sein.

Beschränkung von Grundrechten

Wenn man vom rechtsstaatlichen Grundsatz ausgeht, dass die Grundrechte des Einzelnen prinzipiell unbegrenzt und die Befugnisse des Staates prinzipiell begrenzt sind, dann stellt sich die Frage, ob und wie der Staat in Grundrechte eingreifen darf (Schmitt 2010: 175; Manssen 2022, Rn. 180 ff.).

Gänzlich unbeschränkt ist die Menschenwürde (Art. 1 Abs. 1 GG) garantiert. Mit Art. 1 GG hat sich die Bundesrepublik auf ein Wertesystem festgelegt, das das Individuum und seinen unveräußerlichen Wert in den Mittelpunkt stellt und damit eine endgültige Absage an menschenverachtende Ideologien erteilt. Sämtliche anderen Grundrechte können als Konkretisierungen des Prinzips der Menschenwürde verstanden werden. Jedes Gesetz, das geeignet ist, die Menschenwürde zu verletzen, ist von vornherein verfassungswidrig. Die zentrale Ausstrahlungskraft des Art. 1 GG zeigt sich auch darin, dass er nicht geändert oder aufgehoben werden darf (Art. 79 Abs. 3 GG). Auch für die Schule ist Art. 1 GG richtungsweisend und gebietet, Schüler in deren Individualität wahrzunehmen und sie nicht als bloße Objekte der Erziehung zu betrachten.

Alle anderen Grundrechte werden nicht absolut gewährt; sonst würde die Gesellschaft nicht funktionieren. Das Grundgesetz unterscheidet zwischen Grundrechten, die nicht durch Gesetze beschränkbar sind, und Grundrechten, deren Einschränkung auf der Grundlage eines Gesetzes (zum Beispiel über Rechtsverordnungen) oder durch ein Gesetz möglich ist.

Gibt es keinen Gesetzesvorbehalt, so kann das Grundrecht trotzdem beschränkt werden. Dies ist in der Konkurrenz zu anderen Grundrechten begründet. So wird beispielsweise die Schulaufsicht des Staates nach Art. 7 Abs. 1 GG durch die Religionsfreiheit nach Art. 4 Abs. 1, 2 GG begrenzt. Wenn eine Schule Gebete in den Pausen untersagt, um den religiösen Schulfrieden zu wahren, dann kollidieren beide Normen. In einem solchen Fall darf nicht nur eine Rechtsposition bevorzugt werden, sondern es muss »praktische Konkordanz« zwischen den widerstreitenden Rechten hergestellt werden. Der Schule obliegt es, einen angemessenen Interessenausgleich so vorzunehmen, dass die entsprechenden Grundrechte optimale, wenn auch nicht ausschließliche Wirksamkeit entfalten.

Beschränkung von Grundrechten

- *Schranke:* Erlaubnis, ein Grundrecht durch ein Gesetz, aufgrund eines Gesetzes oder durch kollidierendes Verfassungsrecht zu beschränken.
- *Schranken-Schranke:* Einschränkende Gesetze sind nur dann verfassungsmäßig, wenn sie ordnungsgemäß umgesetzt und zum Schutz des öffentlichen Wohls unerlässlich sind (Verhältnismäßigkeitsgrundsatz).

Voraussetzung für den staatlichen Eingriff in Grundrechte ist ein formelles Gesetz, das den Eingriff gestattet. Weil das Gesetz die Grundlage für das konkrete staatliche Handeln bildet, muss es einem hohen Standard genügen. Das Gesetz selbst bezeichnet man als »Schranke« für den Grundrechtseingriff, den Standard, der das Gesetz beschränkt, als »Schranken-Schranke«. Diese Schranken-Schranke erfordert, dass Formalia bei der Gesetzgebung eingehalten werden, also die Gesetzgebungskompetenz besteht und das Gesetzgebungsverfahren sowie die Verkündigung korrekt erfolgt sind. Weiterhin darf ein Gesetz ein Grundrecht nicht seinem Wesen nach antasten, es demnach nicht *de facto* abschaffen (Art. 19 Abs. 2 GG). Dies setzt voraus, dass das Gesetz hinreichend detailliert und klar ist (Bestimmtheitsgebot), das eingeschränkte Grundrecht benennt (Art. 19 Abs. 1 Satz 2 GG) und den in der jeweiligen Grundgesetznorm genannten Anforderungen genügt. Von besonderer Bedeutung ist der Verhältnismäßigkeitsgrundsatz. Hiernach muss ein Gesetz zum Schutz des öffentlichen Interesses unerlässlich sein und darf die Betroffenen nicht übermäßig belasten. Auf dieses Prinzip, das auch im Verwaltungsrecht gilt, kommen wir in Kapitel 4 zurück.

Einteilung der Grundrechte

Die Grundrechte erfüllen unterschiedliche Funktionen (Kingreen/Poscher 2023, Rn. 110 ff.). Im Wesentlichen lassen sich Freiheits- und Gleichheitsrechte unterscheiden. Freiheitsrechte schützen den Einzelnen vor rechtswidrigem staatlichen Zwang. Die meisten Grundrechte sind Freiheitsrechte, beispielsweise das Recht auf freie Entfaltung der Persönlichkeit (Art. 2 GG) oder auf freie Meinungsäußerung (Art. 5 GG). Gleichheitsrechte (vor allem Art. 3 GG) verpflichten den Staat, Ungleichbehandlungen, Diskriminierungen und Willkür zu verhindern. Wesentlich Gleiches soll gleich, wesentlich Ungleiches ungleich behandelt werden. Man unterscheidet den allgemeinen Gleichheitssatz (Art. 3 Abs. 1 GG) von speziellen Gleichheitsrechten (vor allem Art. 3 Abs. 3 GG), die Unterscheidungen aufgrund bestimmter Merkmale wie Geschlecht, Herkunft oder Glauben verbieten.

Wichtige Freiheitsrechte in der Schule

Grundrecht	*Artikel*	*Beschränkung durch*	*Anwendungsbeispiele*
Menschenwürde	1 Abs. 1	–	Eindringen der Schule in die Intimsphäre, etwa beim Lesen eines höchstpersönlichen Schülertagebuchs
Allgemeine Handlungsfreiheit	2 Abs. 1	Gesetz	Alle Eingriffe, die nicht durch ein anderes Grundrecht geschützt sind, etwa Verbot des Umgangs mit anderen Schülern in Pandemiezeiten
Allgemeines Persönlichkeitsrecht	2 Abs. 1 i. V. m. 1 Abs. 1	Gesetz	Nutzung personenbezogener Daten, Videoüberwachung, Kontrolle der Smartphones der Schüler (informationelle Selbstbestimmung)
Körperliche Unversehrtheit	2 Abs. 2 Satz 1	Gesetz	Körperliche Bestrafungen
Glaubens-, Gewissens- und Bekenntnisfreiheit	4 Abs. 1, 2	Verfassungsrecht	Schulgebet, Schulgottesdienst, religiöse Symbole oder Kleidung
Freie Meinungsäußerung	5 Abs. 1	Gesetz	Unterrichtsboykott, Indoktrinationsversuche, Meinungssanktionierung, Schülerzeitungen

Elternrecht	6 Abs. 2	Verfassungsrecht, Maßstab des Kindeswohls	Wahl von Schule und Schulform, Informationsanspruch über Leistungen und Verhalten
Versammlungsfreiheit	8	In geschlossenen Räumen: Verfassungsrecht Bei freiem öffentlichen Zugang: Gesetz	Schülerdemonstrationen
Vereinigungsfreiheit	9 Abs. 1	Verfassungsrecht	Schülervereinigungen
Berufsfreiheit	12 Abs. 1	Gesetz	Abschlussprüfungen, Schulverweis, Wahl der Schulform

Eine weitere Unterteilung ist in Abwehr-, Leistungs- und Gestaltungsrechte möglich. Abwehrrechte garantieren dem Einzelnen, vom Staat in Ruhe gelassen zu werden. So beinhaltet das Elternrecht nach Art. 6 Abs. 2 Satz 1 GG das Recht, sich gegen staatliche Eingriffe in die Kindererziehung zu wehren.

Abwehrrechte können auch eine negative Ausprägung haben. Die Glaubensfreiheit nach Art. 4 Abs. 1 GG gewährleistet beispielsweise auch das Recht, keinen Glauben zu haben. Leistungsrechte verlangen ein positives Tätigwerden des Staates. Deshalb haben die Religionsgemeinschaften nach Art. 7 Abs. 3 Sätze 1, 2 GG einen Anspruch gegen den Staat auf Einrichtung von Religionsunterricht an öffentlichen Schulen. Gestaltungsrechte dienen der aktiven Gestaltung des Staates durch seine Bürger. Dazu gehört beispielsweise das Wahlrecht als grundrechtsgleiches Recht (Art. 38 Abs. 1 GG).

3.3 Schule und Elternhaus

Es versteht sich von selbst, dass die Erziehung der eigenen Kinder Aufgabe der Eltern ist. Das Grundgesetz spricht in Art. 6 Abs. 2 Satz 1 vom »natürlichen Recht der Eltern« und stellt die Eltern in ihrem Verhältnis zu ihren Kindern unter besonderen Schutz. Gleichzeitig wird ihnen die Pflicht auferlegt, dieses Recht auch wahrzunehmen. Die Eltern haben die Freiheit, ihre Kinder nach ihren Vorstellungen zu erziehen; lediglich bei schwerem elterlichen Versagen muss der Staat im Rahmen seines Wächteramtes eingreifen (Art. 6 Abs. 2 Satz 2 GG). Er darf aber nicht so weit gehen, den Eltern aus seiner Sicht bessere Wege und Ziele der Erziehung vorzuschreiben. Mit dieser Regelung trifft das Grundgesetz eine Wertentscheidung zugunsten der Familie und gegen eine kollektive, vom Staat organisierte Erziehung (Dürig/Herzog/Scholz/Badura 2023, GG Art. 6, Rn. 139).

Gleichwohl verbringen Kinder erhebliche Zeit außerhalb der Familie. Dieser Trend wird durch die Ganztagsschule verstärkt, und es stellt sich mehr denn je die Frage, in welchem Maße die Schule ebenfalls Erziehungsverantwortung tragen kann und muss. Eine Schule, in der es nur um Wissensunterweisung geht, ist kaum denkbar und würde dem Interesse zuwiderlaufen, dass die Vermittlung grundlegender Werte wie Demokratie, Freiheit und Gleichheit eine zentrale staatserhaltende Aufgabe der Schule ist. Tatsächlich enthalten die Landesverfassungen deshalb – im Gegensatz zum Grundgesetz – konkrete schulische Erziehungsziele. Die grundgesetzliche Fundierung findet sich in Art. 7 Abs. 1 GG.

Das Grundgesetz stellt in Art. 7 Abs. 1 lapidar fest: »Das gesamte Schulwesen steht unter der Aufsicht des Staates«. Obwohl der Artikel zu den Grundrechten zählt, handelt es sich lediglich um eine organisationsrechtliche Norm, die dem Staat eine Aufgabe zuweist. Sie gewinnt erst Kontur, wenn man die einzelnen Merkmale so definiert, wie sie sich aus der Rechtsprechung und in der Rechtsliteratur entwickelt haben (für einen Überblick Münch/Kunig/Boysen 2021, GG Art. 7, Rn. 48 ff.).

Der Artikel bezieht sich auf das »gesamte Schulwesen«. Damit sind alle Schulen unabhängig von ihrer Trägerschaft und Form gemeint, also alle staatlichen und privaten sowie alle allgemeinbildenden und beruflichen Schulen. Unter »Schule« wiederum versteht man eine auf Dauer ausgerichtete, von bestimmten Personen losgelöste Einrichtung, die ein strukturiertes, zusammenhängendes Bildungsprogramm anbietet und die Erlangung staatlich anerkannter Abschlüsse oder Zeugnisse ermöglicht (Reimer 2021: 72, mit Bezug auf den kanonischen Schulbegriff Heckels aus dem Jahre 1955). Deshalb sind Volkshochschulen, Nachhilfeinstitute, Musikschulen und Kindergärten keine Schulen im Sinne des Art. 7 GG. Auch Universitäten zählen nicht dazu, weil sie unter Art. 5 Abs. 3 Satz 1 GG fallen.

Mit »Aufsicht« meint man die Verwirklichung der staatlichen Schulhoheit, also schulrechtliche Regelungen zu schaffen und Schulen administrativ zu überwachen. Sie umfasst (Stern/Becker/Vasel 2024, GG Art. 7, Rn. 21 ff.):

- die Gewährleistungsverantwortung des Staates in Form der Festlegung von Mindeststandards für den Unterricht,
- die Gestaltungsbefugnis über das Schulsystem, also beispielsweise Lernziele und -inhalte, Prüfungsanforderungen, Versetzungen sowie die Auswahl der Lehr- und Lernmittel zu regeln,
- den staatlichen Erziehungsauftrag durch Integration der Schüler in die Gesellschaft, Erziehung zu mündigen Bürgern, Vermittlung der Grundwerte, wie sie sich aus dem Grundgesetz ergeben (»Verfassungspädagogik«),
- die Fachaufsicht über die inneren Angelegenheiten der Schulen mit dem Ziel der Qualitätssicherung,
- die Rechtsaufsicht zur Einhaltung der rechtlichen Bestimmungen.

Der Begriff »Staat« bezeichnet die Bundesländer. Das Grundgesetz weist diesen in Art. 30, 70 Abs. 1 die alleinige Befugnis über das Schulwesen zu.

Zusammenfassend lässt sich sagen, dass die knappe Formulierung des Grundgesetzes der Schule einen eigenständigen, staatlich definierten Bildungsauftrag zuweist. Dieser wird durch die Landesverfassungen und die Schulgesetze konkretisiert. Gleichzeitig entsteht durch den Artikel ein Spannungsverhältnis zu anderen Grundrechten, etwa zur Glaubensfreiheit (Art. 4 Abs. 1, 2 GG), zum elterlichen Erziehungsrecht (Art. 6 Abs. 2 GG), zur Berufsfreiheit (Art. 12 Satz 1 GG), zum Persönlichkeitsrecht der Schüler (Art. 2 Abs. 1 GG) und – gerade in jüngerer Zeit durch die Schülerprotestbewegungen – zur Versammlungsfreiheit (Art. 8 GG). Hier treffen die Freiheitsrechte des Einzelnen und die Pflicht des Staates, ein funktionierendes Schulwesen zu gestalten, aufeinander und müssen schonend ausgeglichen werden. Dies gilt insbesondere für den Erziehungsauftrag, den Eltern und Schule gemeinsam wahrnehmen (Art. 6 Abs. 2 Satz 1, Art. 7 Abs. 1 GG). Für die Schule bedeutet dies, dass sie den Anschauungen der Eltern gegenüber offen sein muss, jedenfalls soweit sich dies mit einem geordneten Schulbetrieb verträgt.

Eine Möglichkeit, um Konflikte zu vermeiden, ist die Definition unterschiedlicher Domänen, in denen entweder der Schule oder dem Elternhaus ein Entscheidungsvorrecht eingeräumt wird. Böckenförde (1980: 80 ff.), ehemals Richter des Bundesverfassungsgerichts, hat hierzu zwischen Bildungserziehung, Lebenswelterziehung und persönlich-weltanschaulicher Erziehung unterschieden. Die Bildungserziehung als die Ausbildung mitmenschlicher und staatsbürgerlicher Fähigkeiten sei vor allem Aufgabe der Schule. Die Lebenswelterziehung, das heißt, junge Menschen zu befähigen, ihren Lebens- und Berufsweg selbst zu gestalten, solle von Eltern und Schule gemeinsam verantwortet werden. Die persönlich-weltanschauliche Erziehung läge vor allem im Verantwortungsbereich der Eltern.

In der Pädagogik ist demgegenüber ein Modell der Erziehungs- und Bildungspartnerschaft verbreitet, in dem »die Entwicklung von Einstellungen und Verhaltensweisen der Heranwachsenden im Sinne von Erziehung sowie von Selbstständigkeit, Handlungsfähigkeit, sozialer Verantwortlichkeit, Wissen und Persönlichkeitsentwicklung« zum gemeinsamen Anliegen wird (Paseka/Killus 2020: 14). Ob ein solch weitreichendes Kooperationsverständnis rechtlich Bestand hat, sei dahingestellt. Den Eltern kommt jedenfalls kein Mitentscheidungsrecht bei der Organisation und inhaltlichen Gestaltung des Schulwesens zu. Der Staat kann von den Eltern unabhängige Erziehungsziele verfolgen (Dürig/Herzog/Scholz/Badura 2023, GG Art. 6, Rn. 131). Umgekehrt dürfen Eltern ihre Kinder ihren Vorstellungen gemäß erziehen. Sowohl bei der Beschreibung möglichst klar begrenzter Zuständigkeiten als auch bei dem Wunsch nach umfassender Kooperation bleibt folglich ein Spannungsverhältnis erhalten.

Zu einem sinnvoll aufeinander bezogenen Zusammenwirken, wie es auch das Bundesverfassungsgericht fordert (BVerfGE 47, 74), gehört, dass Lehrkräfte und Schulleitungen im Konfliktfall den rechtlichen Rahmen analysieren können. Hierzu dient die Methodik der Grundrechtsprüfung, die an dieser Stelle vereinfacht dargestellt wird.

3.4 Grundrechtsprüfung

Die Prüfung von Freiheitsrechten

Mit der Grundrechtsprüfung beantwortet man drei Fragen:

- Ist der Schutzbereich des Grundrechts eröffnet? Also: Wird das Verhalten eines Betroffenen durch das in Frage kommende Grundrecht geschützt?
- Liegt ein Eingriff oder zumindest eine Beeinträchtigung vor? Also: Hat der grundrechtsgebundene Staat das Grundrecht eingeschränkt?

- Ist die Einschränkung gerechtfertigt? Also: Darf der Staat in das Grundrecht eingreifen? Fehlt diese Berechtigung, ist der Grundrechtseingriff verfassungswidrig.

Betrachten wir exemplarisch folgenden Sachverhalt:

Sandra besucht die zweite Klasse einer Grundschule. Die Eltern, Frau und Herr Mayer, sind beunruhigt und wollen den Rat der Klassenlehrerin. In einem ersten Telefongespräch schildern sie die Situation: Sandra wachse in einem sehr behüteten Elternhaus auf. Demgegenüber komme es im Schulalltag häufig zu Mobbing, Prügeleien und Kraftausdrücken. Die Lehrkräfte reagierten hierauf meist mit Gesprächsangeboten, statt die Täter zu ermitteln und zu bestrafen. Auf höfliche Umgangsformen würde niemand mehr bestehen und Weltoffenheit statt Heimatverbundenheit gepredigt. Das alles verängstige Sandra und beeinträchtige sie in ihrer Entwicklung. Dem wolle man sie jedenfalls bis zum Ende der Grundschulzeit nicht aussetzen, sondern sie in der Geborgenheit der Familie erziehen. In dem Dorf, in dem sie wohnen, habe Sandra viele gut erzogene Freundinnen, die sich gegenseitig in ihrem positiven Sozialverhalten bestärken.

Die Eltern berufen sich auf das Grundrecht, ihr Kind nach den eigenen Vorstellungen zu erziehen und treten mit folgendem Vorschlag an die Klassenlehrerin heran: Sandra solle zu Hause mithilfe der Großeltern, die selbst Lehrkräfte waren, unterrichtet werden. In anderen Ländern sei ein solches »Homeschooling« üblich und führe zu guten Erfolgen. Auch hier habe man während der Schulschließungen in der Coronazeit positive Erfahrungen gemacht. Sandra sei in dieser Zeit viel glücklicher gewesen. Um der Schule gegenüber Sandras Lernerfolg nachzuweisen, bieten die Eltern an, dass diese die angesetzten Klassenarbeiten mitschreiben könne.

Um sich auf das Gespräch mit den Eltern vorzubereiten, möchte Sandras Klassenlehrerin klären, ob sich die Eltern tatsächlich auf ihr Elternrecht berufen können. Unter Anwendung des Gutachtenstils (Kapitel 2.5) sehen ihre Überlegungen folgendermaßen aus:

Frau und Herr Mayer könnten durch die Schulpflicht in ihrem Elternrecht nach Art. 6 Abs. 2 Satz 1 GG verletzt sein. Dies setzt voraus, dass die Eltern durch das Grundrecht geschützt sind (persönlicher Schutzbereich). Im Regelfall sind die leiblichen, miteinander verheirateten Eltern, die das Kind gemeinsam pflegen und erziehen, die Träger des Elternrechts. Dies ist hier der Fall. Herr und Frau Mayer sind durch das Grundrecht geschützt.

Weiterhin müsste der konkrete Sachverhalt auch inhaltlich durch das Grundrecht geschützt sein (sachlicher Schutzbereich). Das Elternrecht nach Art. 6 Abs. 2 Satz 1 GG umfasst die Pflege und Erziehung der Kinder und damit das Recht der Eltern, die gesamte Entwicklung ihres Kindes zu bestimmen. Der Begriff der Pflege zielt auf das körperliche Wohl des Kindes; Erziehung beinhaltet seine geistige und seelische Entwicklung und damit auch seine Bildung durch die Vermittlung von Werten und Haltungen. Sandras Eltern berufen sich darauf, dass die Schule nicht in ihrem Sinne mit Fehlverhalten im Schulalltag umgehe, dass die von ihnen erwünschte Heimatverbundenheit zu kurz komme und dass die Unterrichtsführung zu offen sei. Sandra könne sich nicht so entwickeln, wie die Eltern sich dies wünschen. Sie sind folglich in ihrem Recht beeinträchtigt, Sandra ihren Vorstellungen gemäß zu erziehen. Der sachliche Schutzbereich des Grundrechts ist eröffnet.

Die Beeinträchtigung des Elternrechtes muss zudem dem Staat, hier also der Schule, zugerechnet werden können. Hierbei wird der klassische vom faktischen Grundrechtseingriff unterschieden. Der klassische Grundrechtseingriff ist ein finaler, unmittelbarer Akt mit Rechtswirkung, der mit Befehl und Zwang angeordnet oder durchgesetzt wird. Er erfolgt durch Gesetz, Verordnung, Satzung oder Verwaltungsakt. Ein Grundrechtseingriff kann aber auch dadurch eintreten, dass der Staat die Grundrechtsausübung ganz oder teilweise erschwert oder unmöglich macht, ohne dass es sich um eine bloße Bagatelle handelt (erweiterter Eingriffsbegriff).

Mit der Schulbesuchspflicht, die sich in allen Bundesländern aus den Vorschriften der Schulgesetze ergibt und sich aus Art. 7 Abs. 1 GG ableitet, wird den Eltern die Ausübung ihres Elternrechts zumindest erschwert. Der Staat greift faktisch und nicht unerheblich in das Grundrecht der Eltern ein. Setzt er die Schulpflicht zudem mit Zwang durch, liegt auch ein klassischer Grundrechtseingriff vor. Die Schulpflicht stellt damit einen Eingriff in Art. 6 Abs. 2 GG dar.

Der Eingriff in das Elternrecht könnte jedoch verfassungsrechtlich gerechtfertigt sein. Zunächst kann die Ausübung des staatlichen Wächteramtes nach Art. 6 Abs. 2 Satz 2 GG eine solche Rechtfertigung darstellen. Der Staat darf aber nur dann in die elterliche Pflege und Erziehung eingreifen, wenn das Verhalten der Eltern das Wohl des

Kindes nachhaltig gefährdet. Die Weigerung der Eltern, Sandra zur Schule zu schicken, könnte ein solches Fehlverhalten darstellen. Allerdings bieten die Eltern an, dass die Schule den Erfolg der häuslichen Erziehung in Form von regelmäßigen Klassenarbeiten überprüft. Sandra hat über ihre Eltern hinaus Kontakte zu Gleichaltrigen und zu ihren Großeltern, sodass nicht von einer Gefährdung ihrer emotionalen und sozialen Entwicklung ausgegangen werden kann. Auch die Tatsache, dass Hausunterricht in anderen Ländern erlaubt ist und in Deutschland während der Corona-Pandemie zeitweise praktiziert wurde, lässt vermuten, dass diese Form des Unterrichts das Kindeswohl nicht grundsätzlich gefährdet. Ein Eingriff in das Elternrecht auf der Grundlage von Art. 6 Abs. 2 Satz 2 GG ist daher nicht gerechtfertigt.

In das Elternrecht kann aber eingegriffen werden, wenn kollidierendes Verfassungsrecht dem entgegensteht. Hier kommt Art. 7 Abs. 1 GG in Betracht, der das gesamte Schulwesen unter die Aufsicht des Staates stellt. Die Aufsicht beinhaltet, dass der Staat einen den Eltern gleichrangigen Bildungs- und Erziehungsauftrag wahrnimmt. Der Konflikt zwischen Elternrecht und staatlichem Erziehungsauftrag ist daher durch Herstellung praktischer Konkordanz zu lösen. Ziel der Schulpflicht ist die Integration in die Gesellschaft. Die Schule ist der Ort, an dem soziale Kompetenz und Toleranz im Umgang mit Andersdenkenden und in der Konfliktbewältigung erworben werden. Dies kann in der Familie und in der begrenzten Gemeinschaft, in der Sandra lebt, allein nicht erreicht werden. Auch die inhaltliche Kontrolle des Lernzuwachses durch die Eltern ist nicht geeignet, ein so umfassendes Ziel zu überprüfen.

Gegenüber dem Schulbesuch Sandras tritt das elterliche Erziehungsrecht nicht vollständig zurück. Die Eltern haben die Möglichkeit, schulische Probleme und Konflikte mit ihrer Tochter zu erörtern und ihr dabei ihre eigenen Werte und Vorstellungen nahezubringen. Zudem hätten die Eltern die Option, ihre Erziehungsvorstellungen durch die Wahl einer Privatschule (Art. 7 Abs. 4 GG) akzentuierter zu verwirklichen. Sandra allein der elterlichen Erziehung zu überlassen, würde aber der staatlichen Aufgabe zur Demokratieerziehung im Sinne einer »Verfassungspädagogik« keinen Raum mehr geben. Auch aus den Erfahrungen mit dem Fernunterricht während der Corona-Pandemie lässt sich kein erweitertes Recht auf Homeschooling ableiten. Die Erfahrungen zeigen, dass es hierbei verstärkt zu psychischen Problemen bei Kindern und Jugendlichen gekommen ist, die die Bundesländer dann mit Aktionsprogrammen kompensieren, in denen soziales Lernen stattfindet.

Ergebnis: Setzt man voraus, dass die Schulbesuchspflicht in dem betroffenen Bundesland aufgrund eines verfassungsgemäßen Gesetzes besteht, so ist das Elternrecht von Frau und Herrn Mayer aus Art. 6 Abs. 2 Satz 1 GG durch diese Pflicht nicht verletzt.

Die Klassenlehrerin kann den Eltern auf der Basis der angestellten Überlegungen erläutern, dass sie sich nicht auf das Elternrecht berufen können, um Sandra zu Hause zu beschulen.

Grundrechtskonkurrenz und -kollision

In dem hier vorgestellten Beispiel ist lediglich das Freiheitsrecht der Eltern betroffen, das durch die Aufsicht des Staates über das Schulwesen beschränkt wird. Manchmal sind jedoch mehrere Grundrechte tangiert. So greift die Schule in die Religionsfreiheit und in das Elternrecht ein, wenn sie (zu Recht) darauf besteht, dass muslimische Mädchen am koedukativen Schwimmunterricht teilnehmen müssen. Wie geht man methodisch mit solchen Fällen um?

Grundsätzlich unterscheidet man Grundrechtskonkurrenzen von Grundrechtskollisionen (Jarass/Pieroth/Jarass 2022, GG Vorb. vor Art. 1, Rn. 16 ff.). Eine Grundrechtskonkurrenz liegt vor, wenn ein Verhalten durch mehrere Grundrechte geschützt ist und der Staat diese Grundrechte gleichzeitig beeinträchtigt hat. Stellt das eine Grundrecht einen Spezialfall des anderen dar, so wird das allgemeinere Grundrecht verdrängt. Ein Beispiel ist das Recht auf freie Meinungsäußerung (Art. 5 Abs. 1 Satz 1 GG), das bei künstlerischen oder wissenschaftlichen Aussagen von der Kunst- und Wissenschaftsfreiheit (Art. 5 Abs. 3 Satz 1 GG) verdrängt wird.

In der Schule ist fast immer die allgemeine Handlungsfreiheit (Art. 2 Abs. 1 GG) betroffen, weil sie jedes menschliche Verhalten schützt. In der Grundrechtsprüfung spielt es aber nur dann eine Rolle, wenn andere Grundrechte, zum Beispiel das Recht auf freie Meinungsäußerung, das Elternrecht oder die Religionsfreiheit, nicht in Frage kommen. Trotzdem ist das Grundrecht von besonderer Bedeutung, weil es einen lückenlosen Schutz gegen staatliche Eingriffe bietet. Hufen (2018: 232) formuliert dies pointiert so: »In der Bundesrepublik Deutschland ist auch und gerade wegen Art. 2 I GG grundsätzlich alles erlaubt, was nicht ausdrücklich verboten wurde und nicht grundsätzlich alles verboten, was nicht besonders erlaubt wurde.«

Der Normalfall in der Anwendbarkeit der Grundrechte ist die »Idealkonkurrenz«. Dabei kommt keinem Grundrecht der Vorrang zu. In diesem Fall müssen die betroffenen Grundrechte parallel geprüft werden, und der staatliche Eingriff muss den Anforderungen dieser Grundrechte insgesamt gerecht werden.

Demgegenüber liegt eine Grundrechtskollision vor, wenn ein grundrechtliches Schutzgut nur auf Kosten eines anderen gewahrt werden kann, beispielsweise Kunstfreiheit versus Persönlichkeitsrecht. In der Schule kollidiert regelmäßig das Erziehungsrecht der Eltern mit dem der Schule. Der Ausgleich erfolgt nach dem Prinzip der praktischen Konkordanz, das auf den Verfassungsrichter Konrad Hesse zurückgeht (Hoffmann-Riem 2019). Dies bedeutet, dass die Schule nicht vorschnell ihre Werte und Vorstellungen in den Vordergrund rückt und damit möglicherweise Gewinner und Verlierer in der Auseinandersetzung produziert. Vielmehr muss sie abwägen und Grenzen ziehen, aber so, dass beide Rechtsgüter bestmöglich zur Geltung kommen. Auf diese Weise wahrt sie die Einheit der Verfassung. Modern gesprochen entsteht eine Win-win-Situation. Angesichts der immer komplexer werdenden Ansprüche, die sich an Schule richten, ist die praktische Konkordanz eine wichtige Methode, um bei widerstreitenden Interessen einen Ausgleich zu finden.

Freiheitsrechte (wie im Beispiel oben, S. 66) werden in der Reihenfolge Schutzbereich – Eingriff – verfassungsrechtliche Rechtfertigung geprüft. Dieser Aufbau ist für Gleichheitsrechte ungeeignet (Kempny/Lämmle 2020; Manssen 2022, Rn. 34 ff.). Beispielsweise schützt Art. 3 Abs. 1 GG gegen Benachteiligungen aller Art, sodass sich die Frage nach dem sachlichen Schutzbereich wie bei den Freiheitsrechten nicht stellt. Außerdem sind Gleichheitsrechte im Gegensatz zu Freiheitsrechten relativ; die Verletzung des Grundrechts kann nur mit Bezug auf eine Vergleichsgruppe oder -person festgestellt werden. Eine Ungleichbehandlung liegt vor, wenn der Staat gegenüber dem einen ein bestimmtes Verhalten an den Tag legt und gegenüber dem anderen nicht. Das kann ein Tun oder Unterlassen sein. Nicht jede Ungleichbehandlung ist von vornherein rechtswidrig, sondern kann begründet sein. In diesem Fall muss der Rechtfertigungsgrund in einem angemessenen Verhältnis zum Maß der Ungleichbehandlung stehen. In der Schule finden sich Gleichheitsrechte in vielen Bereichen, beispielsweise bei Prüfungen, bei der Leistungsbewertung, bei der Gewährung eines Nachteilsausgleichs oder bei der Inklusion.

Die Betrachtung der Gleichheitsrechte beginnt mit der Feststellung, ob ein spezielles Gleichheitsrecht einschlägig ist. Ist dies nicht der Fall, setzt man die Prüfung mit dem allgemeinen Gleichheitssatz (Art. 3 Abs. 1 GG) fort. Im Zentrum des Prüfungsaufbaus stehen zwei Fragen:

- Liegt eine Ungleichbehandlung vor?
- Ist diese Ungleichbehandlung gerechtfertigt?

Im Fall einer ungerechtfertigten Differenzierung muss der Staat die Gleichheit wiederherstellen. Dies kann geschehen, indem er das zur Diskussion stehende Verhalten auf beide Vergleichsgruppen ausdehnt oder es gänzlich unterlässt.

Betrachten wir ein Beispiel: In Baden-Württemberg gilt nach der Anlage zur Verordnung des Kultusministeriums über die Stundentafel der Grundschule: »Nach Entscheidung des Kultusministeriums ist die Fremdsprache in Grenznähe zu Frankreich in der Regel Französisch und im Übrigen in der Regel Englisch.« Verstößt die Verordnung gegen den allgemeinen Gleichheitssatz?

In verkürzter Form sehen die gutachterlichen Überlegungen hierzu wie folgt aus (für eine ausführliche Argumentation VGH Baden-Württemberg, Urteil vom 17.12. 2002, 9 S 1427/02):

Die Regelung der Verordnung über die Stundentafel könnte im Hinblick auf die Festlegung der Fremdsprachen gegen Art. 3 Abs. 1 GG verstoßen. Hierzu müsste zunächst eine Ungleichbehandlung verschiedener Gruppen vorliegen. Die zu vergleichenden Gruppen sind die Schüler mit Französisch und die Schüler mit Englisch als Grundschulfach. Fraglich ist, ob diese Gruppen ungleich behandelt werden. Zwar erlernen alle Grundschüler eine Fremdsprache, und es lässt sich argumentieren, dass es nicht auf die Sprache an sich ankommt, sondern auf die Vermittlung von Lernkompetenzen, die sich in der weiteren Schullaufbahn unabhängig von der Sprache niederschlagen. Dennoch führt die Festlegung auf eine Sprache zu unterschiedlichen Pfaden beim nachfolgenden Fremdsprachenerwerb. Eine Ungleichbehandlung liegt somit vor. Allerdings könnte diese Ungleichbehandlung durch einen wichtigen Grund gerechtfertigt sein.

Als Differenzierungsgrund kommt jede sachlich vertretbare Erwägung in Betracht. Hier geht es darum, dass die Kinder in der Oberrheinregion, die in Nachbarschaft zu Frankreich leben, genau diese Sprache erlernen. Diese Setzung ermöglicht es, Kontakte zur fremdsprachigen Nachbargegend zu pflegen. Der frühe, tatsächliche Sprachenkontakt trägt zum Fremdsprachenerwerb bei und hilft den in der Region lebenden Schülern später, leichter einen Arbeitsplatz zu finden, für den Kenntnisse des Französischen notwendig sind. In Regionen, in denen keine Nähe zu Frankreich besteht, ist es hingegen sinnvoller, mit Englisch zu beginnen, weil dies die international dominierende Fremdsprache ist. Die Entscheidung, in Grenznähe zu Frankreich in der Grundschule die französische Sprache zu lehren, ist folglich sachlich gerechtfertigt. Ein Verstoß gegen Art. 3 Abs. 1 GG liegt nicht vor.

In einer vollständigen Grundrechtsprüfung betrachtet man stets alle betroffenen Grundrechte. Man begutachtet dabei immer die Freiheits- vor den Gleichheitsrechten und jeweils die speziellen vor den allgemeinen Rechten. Im vorliegenden Beispiel würde man also zunächst das Elternrecht (Art. 6 Abs. 2 Satz 1 GG) im Verhältnis zur staatlichen Schulaufsicht (Art. 7 Abs. 1 GG), die Berufsfreiheit (Art. 12 Abs. 1 Satz 1 GG) und ggf. die ungehinderte Persönlichkeitsentfaltung (Art. 2 Abs. 1 GG) prüfen, um dann auf die Chancengleichheit (Art. 3 Abs. 1 GG) einzugehen.

4 Über das Ziel hinausgeschossen? Verwaltungshandeln in der Schule

Pädagogik und Verwaltungsrecht sind zwei Seiten der Tätigkeit von Lehrkräften, die einem Ziel dienen: Vertrauen, Fairness und Gerechtigkeit in der Schulkultur zu etablieren. Dieses Kapitel zeigt, wie Lehrkräfte rechtlich und letztlich ethisch begründet entscheiden können, insbesondere, wenn ihnen dabei Spielräume zukommen. Im Zentrum steht der Anspruch von Schülern und Eltern auf verhältnismäßiges und ermessensfehlerfreies Handeln.

4.1 Die Schule im Verwaltungsrecht

Eines der wichtigsten Ziele der Schule ist es, demokratische Bürger heranzubilden. So heißt es beispielsweise in Art. 7 Abs. 2 der Verfassung für das Land Nordrhein-Westfalen: »Die Jugend soll erzogen werden im Geiste der Menschlichkeit, der Demokratie und der Freiheit [...].« Heute ist unbestritten, dass dies am besten gelingt, wenn die Schule zu einer Demokratie *en miniature* wird, in der umfassende Beteiligungsrechte für Eltern, Schüler, aber auch für Lehrkräfte gelten. Schüler erlernen so nicht nur, wie Demokratie funktioniert, sondern sie erleben sie im aktiven Handeln. Gleichwohl steht die Schule nicht außerhalb der Staatsorganisation, sondern ist Teil der öffentlichen Verwaltung (Kapitel 2.6, S. 43). Hieraus ergeben sich Widersprüche, denn Verwaltung ist hierarchisch organisiert und bekommt ihre Aufgaben durch Gesetz zugewiesen.

Das Prinzip der Hierarchie durchdringt das gesamte Schulwesen strukturell wie individuell. Die jeweils übergeordnete Behörde nimmt die Aufsicht über die ihr untergeordneten Behörden wahr. Hierzu bedient sie sich direkter Anordnungen, Erlasse, Richtlinien und Verfügungen. Die Amtswalter – Schulleiter, Funktionsstelleninhaber und Lehrkräfte – stehen sich ebenfalls hierarchisch gegenüber. Alle Beamten sind verpflichtet, dienstliche Anordnungen ihrer Vorgesetzten auszuführen (§ 35 Abs. 1 Satz 2 BeamtStG). Der Grund für diese Konstruktion liegt, nur auf den ersten Blick paradox erscheinend, im demokratischen Staatsverständnis: Die Staatsgewalt geht vom Volke aus und wird von den gewählten Parlamenten ausgeübt (Art. 20 Abs. 2 GG). Die zuständigen Minister sind deshalb dem Parlament dafür verantwortlich, dass der durch Gesetze zum Ausdruck gebrachte politische Wille umgesetzt wird. Könnte sich ein Minister nicht darauf verlassen, dass Anordnungen auf allen Ebenen der Verwaltung befolgt werden, würden parlamentarische Entscheidungen ins Leere laufen.

Die demokratische Organisation der Schule und das Hierarchieprinzip der Verwaltung stehen einander gegenüber und müssen ausgeglichen werden. So trägt der Schulleiter als Vorgesetzter der Lehrkräfte die volle Verantwortung, setzt aber letztlich Gremienbeschlüsse um. Er soll die Autonomie der Schule vorantreiben, muss aber die teilweise engen Vorgaben und Weisungen der vorgesetzten Behörden beachten. Um die Kette der Verantwortlichkeit gegenüber dem Parlament nicht zu durchbrechen, wird dem Schulleiter deshalb eine Remonstrationspflicht auferlegt. So heißt es in § 43 Abs. 5 NSchG: »Die Schulleiterin oder

der Schulleiter hat innerhalb von drei Tagen Einspruch einzulegen, wenn nach ihrer oder seiner Überzeugung ein Beschluss einer Konferenz, des Schulvorstandes, eines Ausschusses, einer Bildungsgangsgruppe oder einer Fachgruppe 1. gegen Rechts- oder Verwaltungsvorschriften verstößt, 2. gegen eine behördliche Anordnung verstößt [...].« Auch die Lehrkräfte bleiben trotz ihrer pädagogischen Freiheit und der Kompetenzen ihrer Konferenzen weisungsgebunden. Handlungsfreiheit besteht nur in den Grenzen des Gesetzes und lässt sich weder durch Schulprogramme noch durch eine umfassende »Schulautonomie« erweitern.

Die gesamte Tätigkeit in der Schule basiert, trotz der Besonderheiten im Bildungsbereich, auf Verwaltungsrecht. Dieses stellt jedoch keinen Gegensatz zum »Pädagogischen« dar, sondern bildet einen Rahmen für den Inhalt und die Form von schulischem Handeln, vor allem, wenn dieses in die Rechte des Einzelnen eingreift.

Soweit in der Schule öffentlich-rechtlich gehandelt wird (Kapitel 2.6, S. 43), kommen zwei Gesetze besonders zur Anwendung: Das Verwaltungsverfahrensgesetz sorgt für ein strukturiertes, für alle Beteiligten klares Verwaltungsverfahren. Die VwVfG der Länder und des Bundes sind zur Verfahrensvereinheitlichung weitgehend gleich. Die jeweiligen Schulgesetze – deutlich unterschiedlich von Land zu Land – enthalten die inhaltlichen Bestimmungen (das »materielle Recht«) und an vielen Stellen Vorgaben zum Verfahren, die dann die allgemeinen Normen des VwVfG verdrängen.

VwVfG und Schulgesetze gelten nicht nur für die öffentlichen, sondern auch für die privaten Schulen, soweit diese staatliche Aufgaben wahrnehmen. Diese werden dann als

»Beliehene« ebenfalls als Behörde tätig, auch wenn sie Privatrechtssubjekte bleiben. So haben Privatschulen in der Schulgestaltung und inhaltlichen Ausrichtung zwar weitreichende Freiheiten, sind aber beispielsweise bei Prüfungen verpflichtet, sich an die staatlichen Vorschriften zu halten (etwa §§ 1 ff. HmbSfTG).

4.2 Anforderungen an das schulische Verwaltungshandeln

Gesetzmäßigkeit

Die Schule ist bei allem öffentlich-rechtlichen Handeln strikt an die für sie geltenden Gesetze gebunden, unabhängig davon, ob Maßnahmen einen Betroffenen begünstigen oder belasten. Es gilt der »Vorrang des Gesetzes« (Art. 20 Abs. 3 GG). Unter »Gesetz« werden dabei zunächst formelle Gesetze verstanden (wie das jeweilige Schulgesetz), dann aber auch Rechtsverordnungen, Satzungen und sogar Gewohnheitsrecht. Satzungen und Gewohnheitsrecht spielen im Schulrecht allerdings kaum eine Rolle: Die Befugnis zum Erlass von Satzungen ist den Schulen nur in wenigen Fällen eingeräumt, so beispielsweise in Bremen (§ 23 Abs. 2 BremSchVwG). Hier wird aber eine hohe Hürde errichtet: Es sind eine Zweidrittelmehrheit der Gesamt- und der Schulkonferenz und die Genehmigung der Senatorin für Kinder und Bildung und in Bremerhaven auch der des Magistrats notwendig. Von Satzungen muss man Schulordnungen unterscheiden. In einigen Bundesländern, wie Bayern oder Thüringen, versteht man unter Schulordnungen materielle Gesetze in Form von Rechtsverordnungen durch das jeweilige Kultusministerium. In anderen Bundesländern, wie Hessen oder Nordrhein-Westfalen, sind es Regelungen der Schule selbst. So hat die Schulkonferenz in beiden Ländern die Möglichkeit, eine Schulordnung zu verabschieden. Solche Schulordnungen können nicht die Grundlage von Verwaltungsakten sein, sind aber auch keine unverbindlichen Empfehlungen; ihre Missachtung durch die Schüler führt zu Erziehungs- oder Ordnungsmaßnahmen (Rux 2018, Rn. 403.). Das bekannteste schulische Gewohnheitsrecht, nämlich die körperliche Züchtigung – noch 1957 vom BGH anerkannt (Urteil vom 23.10.1957, 2 StR 458/56) –, ist durch die Schulgesetze untersagt.

Die Bindung der Schule an Recht und Gesetz schließt aus, dass Lehrkräfte, aber auch Schüler, sich unter Umgehung gesetzlicher Regelungen auf individuelle Moralvorstellungen berufen können. Auch wenn im Einzelfall eine subjektiv ungerechte Situation entsteht, muss die Schule die vorgesehenen Gesetze anwenden und darf nicht von ihnen abweichen (Erbguth/Guckelberger 2020: 103).

Neben dem Vorrang ist der »Vorbehalt des Gesetzes« (Kapitel 1.1, S. 13, 3.2, S. 56) von Belang. Dieser besagt, dass die Schule überhaupt nur dann tätig werden darf, wenn sie hierzu entweder durch ein formelles Gesetz oder durch eine hierauf beruhende Rechtsverordnung ermächtigt wurde. Allerdings gilt dieses Prinzip nicht grenzenlos, sondern vor allem bei gezielten und unmittelbaren Eingriffen in Grundrechte. Hierzu zählen Versetzungsentscheidungen, Verleihung von Abschlüssen, Wahl der Schullaufbahn oder Ordnungsmaßnahmen.

Kriterium für die Notwendigkeit eines formellen Gesetzes ist die Wesentlichkeit des Grundrechtseingriffs: Der Gesetzgeber hat die Aufgabe, alle bedeutenden, also grundrechtsrelevanten Entscheidungen selbst zu treffen. Dabei müssen die gesetzlichen Regelungen umso detaillierter sein, je gravierender das Grundrecht des Einzelnen beeinträchtigt und je stärker das Interesse der Allgemeinheit betroffen ist (Detterbeck 2023, Rn. 270). Im Kernbereich des Schulverhältnisses, der pädagogischen Arbeit, sind detaillierte Vorgaben deshalb nicht notwendig und wegen der unvorhersehbar komplexen Unterrichtsrealität auch kaum möglich (Rux 2018, Rn. 57). Es kann nicht alles im Voraus geregelt werden, und der Schule muss ein Entscheidungsspielraum bleiben. Dem Prinzip der Gewaltenteilung entspricht es, dass »staatliche Entscheidungen möglichst richtig, das heißt von den Organen getroffen werden, die dafür nach ihrer Organisation, Zusammensetzung, Funktion und Verfahrensweise über die besten Voraussetzungen verfügen« (BVerfGE 98, 252).

Des Weiteren greifen Maßnahmen gegenüber beamteten Lehrkräften bloß dann in deren Grundrechte ein, wenn sie nicht ausschließlich als Amtsträger, sondern auch als Bürger betroffen sind (Detterbeck 2023, Rn. 295). Die Stellung von Lehrkräften in einer solchen verwaltungsrechtlichen Sonderbeziehung macht deutlich, dass sie nicht nur auf der Seite des Staates stehen, sondern dass sie auch »Staat« sind. Wären Lehrkräfte uneingeschränkt grundrechtsberechtigt, müsste unentwegt zwischen den Grundrechtspositionen von Eltern, Schülern und Lehrern abgewogen werden. Die Grenze zwischen Bürger und Staat würde verwischt, und die Schule könnte nicht mehr funktionieren (BVerfGE 108, 319). Innerdienstliche Weisungen – beispielsweise die Übertragung bestimmter Lerngruppen, die Beauftragung mit Aufsichten, die Übernahme von Vertretungsunterricht oder die Mitwirkungspflicht bei Schulveranstaltungen – bedürfen deshalb keiner formellen gesetzlichen Grundlage.

Verpflichtungen der Schule

Zur rechtsstaatlichen Ausgestaltung der Schule gehören vier wesentliche Handlungsgrundsätze (Detterbeck 2023, Rn. 227 ff):

- Gemeinwohlverpflichtung
- Grundsatz der Verhältnismäßigkeit
- Gebot der Bestimmtheit
- Vertrauensschutz und Willkürverbot

Der Gemeinwohlbezug wird bereits in den Bildungszielen der Schulgesetze betont: »Die Schule erzieht [...] zur Verantwortung für die Gemeinschaft«, heißt es zum Beispiel in § 2 Abs. 1 Satz 2 ThürSchulG. Sie darf folglich die Interessen einzelner Schüler und Eltern nicht auf Kosten des Wohles der Allgemeinheit in den Vordergrund rücken. Der Einzelne muss sich Eingriffe in seine Handlungsfreiheit gefallen lassen, wenn diese dem sozialen Miteinander dienen. So ist der Zweck einer Ordnungsmaßnahme nicht nur, einem Schüler sein gravierendes Fehlverhalten deutlich zu machen, sondern auch, die Schulgemeinde zu befrieden und zu einem geordneten Schulbetrieb zurückzukehren

(OVG NRW, Beschluss vom 17.9.2014, 19 B 985/14, Rn. 6 ff.; anders Rux 2018, Rn. 452). Die Grenze des Gemeinwohls bildet die Zumutbarkeit für das Individuum. Die Durchsetzung allgemeiner Interessen darf nicht so weit gehen, dass von den Rechten des Einzelnen nichts mehr übrigbleibt.

Die Ausbalancierung von individuellen Rechten und Gemeinwohl erfolgt durch den Grundsatz der Verhältnismäßigkeit: »Danach sind der geschützte Freiheitsbereich des Einzelnen, die vom Gesetzgeber im Allgemeininteresse verfolgten Zwecke und die zu deren Erreichung eingesetzten Mittel so gegeneinander abzuwägen, dass die Auffassung des Grundgesetzes von der grundsätzlichen Stellung und Aufgabe des Menschen in Staat und Gesellschaft gewahrt bleibt.« (BVerfGE 41, 264)

In der Schule kommt der Grundsatz vor allem dann zur Anwendung, wenn eine Norm keine abschließende Rechtsfolge setzt, sodass die Schule über einen Entscheidungsspielraum verfügt. So heißt es in § 26 Abs. 1 Satz 1 GSO: »Bei der Bewertung einer schriftlichen Arbeit kann die äußere Form mitberücksichtigt werden.« Das Gesetz überlässt es also den Lehrkräften, wie sie verfahren wollen. Der Verordnungsgeber handelt in dem Bewusstsein, dass er nicht alle Eventualitäten vorhersehen kann, und gestattet der Schule, Besonderheiten des Einzelfalls zu berücksichtigen. Die Entscheidung darf, um nicht rechtswidrig zu sein, den Betroffenen nicht übermäßig belasten. In ihr müssen gegenläufige Interessen so abgewogen sein, dass sie im Ergebnis verhältnismäßig bleibt. Lässt eine Norm nur eine bestimmte Entscheidung zu, ist sie aus Sicht der Verwaltung immer verhältnismäßig. Dann muss allerdings das zugrunde liegende Gesetz verhältnismäßig sein (Jarass/Pieroth/Jarass 2022, GG Art. 20, Rn. 114).

Weiterhin soll das Verwaltungshandeln für die Betroffenen vorhersehbar und inhaltlich bestimmt sein. Das gilt nicht nur für Verwaltungsakte (Kapitel 2.6, S. 44; § 37 Abs. 1 VwVfG), sondern für jedes öffentlich-rechtliche Handeln der Schule. Für Schüler und ihre Eltern muss klar erkennbar sein, was die Schule von ihnen verlangt bzw. was sie ihnen erlaubt und aus welchen Gründen sie etwas festlegt. Stellen die Eltern zum Beispiel nach § 59 Abs. 2 SchulG RP den Antrag, dass ihr begabtes Kind die gymnasiale Oberstufe bereits nach acht statt nach neun Schuljahren besuchen soll, und wird dieses Begehren abgelehnt, dann muss aus dem Bescheid klar hervorgehen, wie und warum so entschieden wurde.

Schüler und Eltern haben ein Recht darauf, dass schulische Regelungen Bestand haben, Zusagen eingehalten und korrekte Informationen gegeben werden. Mit diesem Vertrauensschutz eng verbunden ist die Selbstbindung der Verwaltung: Die einzelnen Schulen entwickeln häufig eine eigene Verwaltungspraxis, vor allem, wenn sie einen Entscheidungsspielraum haben, wie beispielsweise bei der Beurlaubung vom Unterricht aus besonderen Gründen. Hier muss die Schule vergleichbare Fälle gleich behandeln.

Zum Vertrauensschutz gehört, dass bei einem Verwaltungsakt Bestandskraft sogar dann eintritt, wenn dieser nicht rechtmäßig ist. Allerdings darf die Schule unter bestimmten Voraussetzungen (§§ 48, 49 VwVfG) einen Verwaltungsakt zurücknehmen oder widerrufen. Umgekehrt haben die Betroffenen die Möglichkeit, gegen einen Verwaltungsakt Widerspruch einzulegen.

Verwaltungsakte bieten besonders viel Sicherheit, denn sie gelten auch für andere Behörden, und zwar ohne dass diese die Rechtmäßigkeit (erneut) prüfen dürfen (Detterbeck 2023, Rn. 544). Wurde ein Schüler versetzt, so muss jede andere Schule die Versetzung akzeptieren, selbst wenn Zweifel an deren Rechtmäßigkeit bestehen. Darüber hinaus unterliegen fehlerhafte Realakte dem Vertrauensschutz. Unzutreffende Auskünfte – zum Beispiel bei der Beratung über Bedingungen zur Abiturzulassung – können deshalb zu Amtshaftungsansprüchen führen.

Weiterhin darf die Schule nicht willkürlich handeln, indem sie eine Entscheidung ohne einen einleuchtenden Grund trifft. Schüler und Eltern haben ein Anrecht darauf, dass die Schule, also auch jede einzelne Lehrkraft, mit großer Sorgfalt vorgeht, unvoreingenommen ist und die Besonderheiten eines jeden Einzelfalls berücksichtigt.

4.3 Ermessen

Gebundene und nichtgebundene Verwaltung

Die Schule setzt Gesetze um. Dabei begegnen den Lehrkräften, wie bereits angedeutet, zwei Typen von Normen: solche mit und solche ohne Entscheidungsspielraum. Hat die Schule nur eine bestimmte Handlungsmöglichkeit, wenn die Tatbestandsvoraussetzungen der Norm erfüllt sind, so darf sie nicht anders entscheiden. Man spricht von »gebundener Verwaltung«. Der Gesetzestext enthält in solchen Fällen Formulierungen mit »muss«, »hat zu« oder »ist zu«. Ein Beispiel: »Für die Treffen und Sitzungen der Schülervertretung muss der Schulleiter geeignete Räume und Einrichtungen zur Verfügung stellen.« (§ 28 Abs. 2 Satz 3 ThürSchulG) Will sich also die Schülervertretung treffen (Tatbestand), dann darf der Schulleiter ihnen einen zweckgemäßen Raum nicht verweigern (Rechtsfolge), und zwar selbst dann nicht, wenn gewichtige Gründe dagegensprechen.

Daneben existiert eine Vielzahl von Normen, die der Schule einen Entscheidungsspielraum (Ermessen) einräumen: »nichtgebundene Verwaltung«. Die Schule kann dann entscheiden, ob sie überhaupt tätig werden will (Entschließungsermessen) und/oder welche Verhaltensweise sie wählt (Auswahlermessen). So überlässt es Bremen der Schule, ob sie eine Ordnungsmaßnahme trifft (§ 46 Abs. 2 BremSchulG) und welche sie im konkreten Fall für verhältnismäßig hält (§ 47 Abs. 1 BremSchulG). Ähnliche Regelungen finden sich in anderen Bundesländern.

Manche Normen sind »Soll-Vorschriften«. Sie stehen zwischen gebundener und nichtgebundener Verwaltung. So soll die Schule nach § 36 Abs. 3 Satz 2 SchulG NRW Kinder ohne die erforderlichen Sprachkenntnisse zum Besuch eines vorschulischen Sprachförderkurses verpflichten. Von der vorgeschriebenen Rechtsfolge darf die Schule nur dann abweichen, wenn ein besonders begründeter, atypischer Ausnahmefall vorliegt (Stelkens/Bonk/Sachs/Sachs 2023, VwVfG § 40, Rn. 26 f.).

Verhaltensmöglichkeiten der Schule

- *Gebundene Verwaltung:* Die Schule muss eine Maßnahme treffen, wenn die Voraussetzungen hierfür erfüllt sind.

- *Nichtgebundene Verwaltung:* Die Schule kann eine Maßnahme treffen, wenn die Voraussetzungen hierfür erfüllt sind, muss es aber nicht.

Ermessen bedeutet nicht Beliebigkeit. Die Schule muss die Grenzen des Ermessens einhalten und das Ermessen im Sinne der Norm ausüben (§ 40 VwVfg). Was bedeutet das? § 52 Satz 1 ThürSchulO ermächtigt die Klassenkonferenz, eine Ermessensentscheidung über die Versetzung eines Schülers zu treffen: »Ein Schüler kann [...] bei Vorliegen besonderer Gründe wie Wechsel der Schule während des Schuljahrs oder längerer Krankheit versetzt werden, wenn dies bei Würdigung seines Leistungswillens gerechtfertigt erscheint und eine erfolgreiche Mitarbeit in der nächsthöheren Klasse erwartet werden kann.« Die Klassenkonferenz muss deshalb zunächst klären, ob ein besonderer Grund vorliegt. Ist dies der Fall, so hat sie ein Entscheidungsermessen. Dieses muss sie unter Beachtung der Vorgaben der Norm ausüben. Voraussetzung für eine rechtmäßige Entscheidung ist dabei, dass die Klassenkonferenz den zugrunde liegenden Sachverhalt aufgeklärt hat (§ 24 VwVfG). Dies gilt für die in der Norm bereits genannten Punkte, aber auch für andere Aspekte, etwa psychische Probleme. Insbesondere die Prognoseentscheidung darf nicht leichtfertig getroffen werden, sondern verlangt eine hinreichende Tatsachengrundlage, zum Beispiel die Beobachtung eines positiven Trends in der Leistungsentwicklung.

Methodik der Verhältnismäßigkeitsprüfung

Im Zentrum von Ermessensentscheidungen steht die Prüfung der Verhältnismäßigkeit. Mit ihr lässt sich die Entscheidungsfindung strukturieren und rationalisieren. Die Schule vermeidet so, »über das Ziel hinauszuschießen« und ungerechte oder gar rechtswidrige Beschlüsse zu fassen.

Juristisch gesehen dient die Verhältnismäßigkeitsprüfung der Bindung der Schule an Recht und Gesetz, also der Rechtsstaatlichkeit. Aus pädagogischer Perspektive trägt sie dazu bei, dass Schüler das Lehrerhandeln als nachvollziehbar und legitim erleben. Der positive Nebeneffekt ist, dass Schüler in einer als gerecht empfundenen Schulkultur selbst ungerechtes Verhalten unterlassen, wie Mobbing oder Mogeln, und bessere Leistungen erzielen (Dalbert 2011: 14).

Methodisch ergänzt die Verhältnismäßigkeitsprüfung die Subsumtion (Kapitel 2.5, S. 34). Während letztere Prämissen benennt, aus denen ein Ergebnis folgt, geht es in der Verhältnismäßigkeitsprüfung darum, alle betroffenen Rechte möglichst optimal zur Geltung zu bringen. Dies geschieht anhand von vier Schritten (Detterbeck 2023, Rn. 231 ff.; Klatt/Meister 2014):

1. Zweck- und Mittelprüfung
2. Geeignetheit
3. Erforderlichkeit
4. Angemessenheit

Die Schritte stehen in einem Stufenverhältnis. Verneint man die Verhältnismäßigkeit auf einer Stufe, endet die weitere Prüfung. Beispielsweise kann eine Maßnahme, die nicht erforderlich ist, nie angemessen sein.

Zunächst muss die Schule mit einer Maßnahme einen legitimen Zweck verfolgen. Wenn eine Klassenkonferenz eine Ordnungsmaßnahme gegen einen Schüler in Betracht zieht, stellt sich die Frage nach dem Zweck. Dieser ist meist in den Schulgesetzen definiert, beispielsweise »Sicherung des Bildungs- und Erziehungsauftrags« (Art. 86 Abs. 1 Satz 1 BayEUG). Der Zweck muss legitim sein, das heißt, sich auf ein verfassungskonformes Gesetz stützen. Dies ist in den Schulgesetzen regelmäßig der Fall, sodass sich eine umfassende Auseinandersetzung mit dieser Problematik erübrigt. Auch die Wahl des Mittels muss legitim sein. Ergibt sich dieses aus dem Gesetz, wie bei Ordnungsmaßnahmen (etwa Art. 86 Abs. 2 BayEUG), sind andere Mittel, zum Beispiel die Androhung von Arrest, von vornherein rechtswidrig.

Sind Zweck und Mittel rechtmäßig, geht es um die Geeignetheit. Ein Mittel ist geeignet, wenn es dem angestrebten Zweck generell dienen kann. Ungeeignet ist es nur dann, wenn es den Zweck in keinerlei Weise fördert. So wäre beispielsweise ein Ausschluss von einer Klassenfahrt ungeeignet, wenn überhaupt keine Fahrt stattfindet.

Bei der Erforderlichkeit ermittelt man, ob es kein milderes, aber genauso wirksames Mittel gibt. Ist ein Mittel vorstellbar, das weniger belastend, aber ebenso effektiv ist, dann darf die ursprünglich vorgesehene Maßnahme nicht ergriffen werden. Sind mehrere gleich belastende Mittel möglich, kann die Schule auswählen.

Die letzte und wichtigste Stufe bildet die Prüfung der Angemessenheit. Eine Maßnahme ist angemessen, wenn bei einer Abwägung zwischen der Schwere des Eingriffs und dem Gewicht und der Dringlichkeit der ihn rechtfertigenden Gründe die Grenze der Zumutbarkeit für den Betroffenen gewahrt bleibt (BVerfGE 83, 19).

Abwägung meint »das Sammeln, Gewichten und wertende Vergleichen maßgeblicher Gesichtspunkte für eine Entscheidung zwischen verschiedenen Alternativen« (Riehm 2006: 4). Im Kern geht es darum, die Gemeinwohlbelange, deren Erfüllung eine Maßnahme dient, und die Auswirkungen auf die Rechte des Betroffenen vergleichend zu beurteilen. Je empfindlicher der Einzelne in seiner Freiheit beeinträchtigt wird, desto gewichtiger müssen die Interessen des Gemeinwohls sein (BVerfGE 153, 283).

Ermessen und Verhältnismäßigkeit

- *Ermessen:* Der Gesetzgeber ermöglicht der Schule, Rechtsfolgen in Grenzen eigenständig zu bestimmen.
- *Verhältnismäßigkeit* beschränkt das Ermessen. Die Freiheit des Einzelnen darf für das Gemeinwohl nur so weit wie unbedingt nötig eingeschränkt werden.
- *Entschließungsermessen:* Die Schule entscheidet, ob sie tätig wird oder nicht.
- *Auswahlermessen:* Die Schule hat verschiedene Entscheidungsmöglichkeiten.
- *Ermessensfehler* haben zur Konsequenz, dass die Maßnahme rechtswidrig ist.

Durch die Methode der Abwägung erhält die Argumentation eine rationale Struktur, die der Optimierung dient. Es geht darum, entweder die beste Lösung zu finden oder zumindest das günstigste Ergebnis zu wählen (Sieckmann

2018: 123 ff.; Möllers 2021: 358 ff.). Abwägen beginnt mit dem Sammeln aller bedeutsamen Gesichtspunkte, die man in einem zweiten Schritt abstrakt und dann auf den Fall bezogen gewichtet. Manchmal gibt das Gesetz eine solche Gewichtung vor, beispielsweise, wenn es von »obersten Bildungszielen« (Art. 1 Abs. 1 Satz 3 BayEUG) spricht. Rechtsgüter von Verfassungsrang wie die Meinungsfreiheit werden höher gewichtet als einfachgesetzliche Rechte, höchstpersönliche Güter höher als Sachgüter.

In einem dritten Schritt wird erörtert, ob die Schwere des Eingriffs durch die Gewichtigkeit der Gründe gerechtfertigt ist. Hierzu kann man eine Skala verwenden – leicht, mittel, schwer. Ein Schüler, der Mitschüler anstiftet, einen Klassenkameraden zu verprügeln, beeinträchtigt den Schulbetrieb schwer, sodass der Schulverweis zumutbar sein kann. Macht der Schüler dagegen geltend, dass er die gewohnte Klassengemeinschaft und damit Freunde verlieren würde und dass der Besuch einer anderen Schule mit einem längeren Schulweg verbunden wäre, so sind diese Nachteile vergleichsweise gering. Bei jeder Skalierung muss bereits die Zuordnung zu einer Stufe begründet sein. Sieht man in der Ordnungsmaßnahme »Versetzung in eine Parallelklasse« eine mittlere Eingriffsintensität, so muss deutlich sein, warum.

Abschließend beantwortet man im Hinblick auf die herausgearbeiteten Gesichtspunkte und deren Gewichtung die Frage, ob die Maßnahme die Grenze der Zumutbarkeit einhält. Wird dies bejaht, dann ist die Maßnahme angemessen und somit verhältnismäßig.

Damit das Ergebnis sachlich begründet ist, muss sich der Zusammenhang zwischen den Gründen und dem Ergebnis logisch erschließen: »Die Richtigkeit einer Entscheidung wird durch Kohärenz der Begründung innerhalb eines als hinreichend akzeptierten Norm- und Prämissenrahmens bestimmt.« (Strauch 2022: 154)

Kohärenz meint, dass die Argumentation widerspruchsfrei, umfassend und stimmig ist. Dies setzt voraus, dass die Prämissen, die in der Argumentation verwendet werden, auf Normen – Regeln und Prinzipien – beruhen. Das Ergebnis ist nicht einfach deshalb richtig, weil es nachvollziehbar und stichhaltig ist, sondern weil es im Rahmen der geltenden Rechtsordnung vernünftig begründet wurde (Alexy 1983: 272).

Gleichzeitig muss man sich bewusst sein, dass das Abwägen immer mit Wertentscheidungen verbunden ist (Riehm 2006: 247 ff.). Man kann daher der Methode der Abwägung den Vorwurf machen, dass sie nicht objektiv ist. Tatsächlich sind Abwägungen qualitative, nicht quantitative Entscheidungen, in die auch moralische Erwägungen einfließen. Sie werden von Menschen vorgenommen, die Aspekte auswählen und abschätzen. Trotz dieses subjektiven Elements stellt die Abwägung jedoch ein strukturiertes Verfahren dar, in dem Prämissen, Argumente und Schlussfolgerungen transparent werden. So kann man intersubjektiv nachvollziehen, wie derjenige, der entscheidet, zu seinem Ergebnis gelangt ist. Der Maßstab für die Qualität ist das Bewusstsein des Entscheidenden, die richtige Lösung gefunden zu haben, und die Überzeugungskraft der Argumentation für andere.

Ermessensfehler

Jeder Bürger – und damit auch Schüler und Eltern – hat einen Rechtsanspruch auf eine ermessensfehlerfreie Entscheidung (§ 114 Satz 1 VwGO). Weil das Ermessen teilweise einen subjektiven Charakter hat, ist es umso wichtiger, Ermessensfehler zu identifizieren. Hierzu gehören drei Fallgruppen (Detterbeck 2023, Rn. 328 ff.; Schoch/Schneider/Riese 2023, VwGO § 114, Rn. 56 ff.):

- Ermessensnichtgebrauch (Ermessensunterschreitung)
- Ermessensüberschreitung
- Ermessensfehlgebrauch

Beim Ermessensnichtgebrauch hat die Schule keinerlei Ermessenserwägungen angestellt, obwohl sie hierzu durch das Gesetz verpflichtet ist. In § 29 Abs. 1 Satz 1 VOGSV heißt es: »Die nachträgliche Anfertigung von schriftlichen oder anderen Leistungsnachweisen, die die Schülerin oder der Schüler aus von ihr oder ihm nicht zu vertretenden Gründen versäumt hat, kann von der Lehrerin oder dem Lehrer verlangt werden, wenn andernfalls eine sachgerechte Leistungsbeurteilung nicht möglich ist.« Falls der Tatbestand – Versäumnis aus nicht zu vertretenden Gründen und Unmöglichkeit sachgerechter Leistungsbeurteilung – erfüllt ist (und nur dann!), entscheidet die Lehrkraft als Rechtsfolge nach pflichtgemäßem Ermessen, ob der Schüler den Leistungsnachweis nachträglich erbringen muss. Stellt sie hierbei keine Abwägungsüberlegungen an, ist die Entscheidung rechtswidrig.

Eine Ermessensüberschreitung liegt vor, wenn die Schule ihren Entscheidungsspielraum weiter zieht, als ihr dies durch das Gesetz vorgegeben ist. In Berlin kann ein Nachteilsausgleich durch Verlängerung der Bearbeitungszeit um bis zu 25 Prozent erfolgen (§ 15 Abs. 3 Nr. 1 Sek I-VO). Die Schule würde ihr Ermessen überschreiten, wenn sie diese um ein Drittel erhöht. Zum Teil wird in der Literatur auch eine Ermessensüberschreitung bejaht, wenn Grundrechte, der Grundsatz der Verhältnismäßigkeit oder sonstiges höherrangiges Recht verletzt werden. Dem ist nicht zu folgen, da eine Ermessensüberschreitung dann vorliegt, wenn die Schule, wie im Beispielsfall, die im Gesetz abstrakt vorgegebenen Grenzen verlässt. Ein Verstoß gegen höherrangiges Recht liegt dagegen in der konkreten Ermessensausübung. Es ist daher sachgerechter, diesen Aspekt gesondert oder im Rahmen des Ermessensfehlgebrauchs zu prüfen (Schoch/Schneider/Riese 2023, VwGO § 114, Rn. 63).

Ermessensfehlgebrauch ist anzunehmen, wenn die Schule zwar die Grenzen des Ermessens beachtet, jedoch den Zweck der Ermächtigung mit ihrer Entscheidung nicht trifft. Dies ist dann gegeben, wenn die Schule sich auf sachfremde Erwägungen stützt, wesentliche Aspekte unbeachtet lässt oder einzelne Gesichtspunkte zu hoch oder zu gering gewichtet. Ein Beispiel für eine Zweckverfehlung: Eine Schülerin in Hessen möchte eine Jahrgangsstufe freiwillig wiederholen, obwohl sie gute Noten hat. Die Klassenkonferenz gestattet dies, weil die Schülerin sich in ihrer Klasse unwohl fühlt und auf diese Weise unkompliziert den Klassenverband wechseln kann. Zwar ist die Entscheidung grundsätzlich vom Wortlaut des § 21 Abs. 1 VOGSV gedeckt, jedoch ist der Zweck der Norm, Schülern ein Wiederholen zu gestatten, wenn dadurch die Lernentwicklung besser gefördert wird. Der Zweck ist nicht, ein zuträglicheres soziales Umfeld zu schaffen.

Schließlich ist die Missachtung der Ermessensreduzierung auf null ein Fehler. Hierbei handelt es sich um einen besonderen Ausnahmefall der Ermessensausübung. Dieser tritt ein, wenn nach Lage der Dinge nur noch eine Entscheidung in Frage kommt. So wurde eine solche Ermessensreduzierung bei der Befreiung von der Schulpflicht während der Corona-Pandemie bejaht, soweit ein besonderes gesundheitliches Risiko durch ein ärztliches Attest nachgewiesen ist (VG Gelsenkirchen, Beschluss vom 23.10.2020, 4 L 1325/20).

Ermessensfehler führen zur Aufhebung der betreffenden Maßnahme. Handelt es sich um einen Verwaltungsakt, kann die Schule bei Widerspruch Abhilfe schaffen oder ihre Entscheidung auf neue Erwägungen stützen. Tut sie dies nicht, entscheidet die vorgesetzte Behörde. Diese hat die Möglichkeit, eine andere Begründung zu geben und Ermessensfehler zu heilen. Gegen einen solchen Widerspruchsbescheid kann der Betroffene Klage vor dem Verwaltungsgericht erheben, wobei unter bestimmten Voraussetzungen weitere Ermessenserwägungen geltend gemacht werden können.

4.4 Das Verwaltungsverfahren in der Schule

Materielle und formelle Rechtmäßigkeit

Sowohl bei Real- als auch bei Verwaltungsakten (Kapitel 2.6, S. 44) beantwortet man die Frage, ob die Schule rechtmäßig gehandelt hat, in zwei Stufen: der formellen und der materiellen Rechtmäßigkeit.

Im vorangegangenen Kapitel ging es vor allem um die Anwendung von Normen, die Rechte von Personen inhaltlich betreffen, das sogenannte »materielle Recht«. Die materielle Rechtmäßigkeit steht im Zentrum der Prüfung einer jeden Entscheidung. Dabei geht es um das Problem, ob die Tatbestandsvoraussetzungen der Norm erfüllt sind und ob die Schule eine zulässige Rechtsfolge gewählt hat. Will man zeigen, ob dies zutrifft, ordnet man den Sachverhalt den Voraussetzungen der zugrunde liegenden Norm unter (Subsumtion, Kapitel 2.5, S. 34). Beispiel: »Eine Schülerin oder ein Schüler kann nach Erfüllung der Vollzeitschulpflicht entlassen werden, wenn sie oder er innerhalb von 30 aufeinander folgenden Kalendertagen insgesamt 20 Unterrichtsstunden dem Unterricht unentschuldigt ferngeblieben ist [...].« (§ 19 Abs. 4 Satz 1 SchulG SH)

Der Tatbestand der Norm ist erfüllt, wenn ein Schüler im genannten Zeitraum zwanzig Stunden unentschuldigt gefehlt hat. Die Rechtsfolge ist Entschließungsermessen. Die Schule kann den Schüler entlassen, muss es aber nicht. Will man die Entscheidung überprüfen, so fragt man, ob sie keine Ermessensfehler aufweist und ob sie nach dem Grundsatz der Verhältnismäßigkeit getroffen wurde.

Bei gebundenen Entscheidungen ergibt sich die Rechtsfolge direkt und lässt keinen Spielraum zu. Beispiel: »Die Schulleiterin oder der Schulleiter hat einem Konferenzbeschluss innerhalb von zwei Wochen zu widersprechen, wenn der Beschluss gegen Rechts- oder Verwaltungsvorschriften verstößt.« (§ 67 Abs. 1 Satz 1 SchulG SH) Verstößt also ein Beschluss gegen die entsprechenden Vorschriften

(Tatbestand), dann muss der Schulleiter ihm fristgerecht widersprechen (Rechtsfolge).

Bevor man sich mit der materiellen Rechtmäßigkeit auseinandersetzt, betrachtet man die formelle Rechtmäßigkeit. Sie betrifft die Frage, wie die Schule tätig werden muss, wenn sie eine Maßnahme ergreift. Die Schule handelt formell rechtmäßig, wenn sie die geltenden Zuständigkeits-, Verfahrens- und Formvorschriften einhält. Dabei gelten zunächst die Regelungen der Schulgesetze. Falls die Schulgesetze keine Verfahrensregelungen enthalten, wird auf das VwVfG zurückgegriffen, und zwar in unterschiedlichem Maß, abhängig davon, ob die Schule einen Real- oder einen Verwaltungsakt erlässt. Das VwVfG gilt nämlich grundsätzlich nur für Verwaltungsakte, also nicht für Realakte oder privatrechtliche Handlungen (§ 9 VwVfG; Kapitel 2.6, S. 45). Allerdings ergibt sich aus dem Rechtsstaatlichkeitsprinzip, dass auch Realakte, in denen die Staatsgewalt ausgeübt wird, bestimmten Verfahrensgrundsätzen genügen müssen. Generell kann man sagen, dass immer dann eine analoge Anwendung des VwVfG erfolgt, wenn die Interessenlage gleich ist. In Betracht kommen dabei insbesondere die Vorschriften zur Befangenheit (§§ 20, 21 VwVfG), zur Pflicht der Sachverhaltsermittlung (§ 24 VwVfG), zur Beratungs- und Auskunftspflicht (§ 25 VwVfG) sowie zur pflichtgemäßen Ausübung des Ermessens (§ 40 VwVfG) (Stelkens/Bonk/Sachs/Schmitz 2023, VwVfG § 1, Rn. 154 f.).

Wie die Schule verwaltungsrechtlich tätig wird

Damit eine Schule verwaltungsrechtlich aktiv werden kann, muss ein Anlass bestehen. Das kann ein Antrag sein, zum Beispiel auf Aufnahme in die Schule, auf freiwillige Wiederholung oder auf Wechsel des Bildungsganges. Die Schule kann aber auch initiativ auftreten, etwa beim Verhängen einer Ordnungsmaßnahme.

Ist der Anlass gegeben, stellt sich die Frage, ob die Schule die Befugnis hat zu handeln. Greift sie in grundrechtlich geschützte Belange ein, so darf sie dies nur auf der Basis eines Gesetzes, der »Ermächtigungsgrundlage«. Bedient sie sich einer Rechtsverordnung, muss diese auf einem formellen Gesetz beruhen (Detterbeck 2023, Rn. 569 ff.). Bei Realakten, die nicht in die Rechte des Bürgers eingreifen, ist keine Ermächtigungsgrundlage notwendig. Ein Beispiel ist das Einteilen von Klassendiensten, die lediglich zur Übernahme von Verantwortung erziehen.

Weiterhin muss die Schule zuständig sein. Dies betrifft zunächst die sachliche Zuständigkeit, das heißt, ob die Aufgabe überhaupt von der Schule wahrgenommen werden darf. Die Antwort hierzu findet man in den Schulgesetzen. So ist die Schule für die Aufsicht von Schülern nur während der Unterrichtszeit bzw. sonstiger Schulveranstaltungen sowie in einer angemessenen Zeit davor und danach sachlich zuständig (zum Beispiel § 22 Abs. 1 Satz 1 BaySchO). Daneben muss die instanzielle Zuständigkeit gegeben sein. Im Saarland etwa entscheidet die Schulaufsichtsbehörde und nicht die Schule über eine zweite Wiederholung der Abiturprüfung (§ 55 Abs. 3 GOS-VO). Schließlich fragt man nach der funktionellen Zuständigkeit, also welcher konkrete Amtswalter oder welches schulische Gremium eine bestimmte Aufgabe wahrnimmt. So entscheidet der Schulleiter in Hessen über das Ruhen der Schulpflicht während des Mutterschutzes (§ 65 Abs. 1 Satz 3 HSchG), die Klassenkonferenz über die Versetzung (§ 75 Abs. 4 HSchG), die Sportlehrkraft über die Freistellung vom Sportunterricht aus gesundheitlichen Gründen bis zu einem Zeitraum von vier Wochen (§ 3 Abs. 3 Satz 2 VOGSV). Neben der sachlichen Zuständigkeit muss auch die örtliche Zuständigkeit gegeben sein. So ist das Staatliche Schulamt Mittelthüringen zwar für Schulangelegenheiten in Weimar zuständig, nicht jedoch in Jena.

Stehen die Zuständigkeiten fest und ergibt sich aus dem Gesetz die Befugnis zu handeln, dann beginnt die Phase der Vorbereitung einer Entscheidung, das Verfahren. Handelt es sich dabei nicht um einen Realakt, gewissermaßen einer schulischen Routineangelegenheit, sondern um einen Verwaltungsakt, der sich unmittelbar auf die Rechte der Betroffenen auswirkt, ist das Verfahren auch in Einzelheiten gesetzlich geregelt.

Zunächst ist zu klären, inwieweit das VwVfG des jeweiligen Landes Anwendung findet. So enthält § 2 Abs. 3 Nr. 3 BremVwVfG Einschränkungen hinsichtlich der Geltung für Schulen. Enthalten die Schulgesetze inhaltsgleiche oder entgegenstehende Regelungen, so gelten diese nach dem Grundsatz »lex specialis derogat legi generali«: Die spezielle Norm geht immer der allgemeinen Norm vor.

Im gesamten Verfahren stellt sich die Frage nach der Beteiligungs- und Handlungsfähigkeit (§§ 11 ff. VwVfG; Stelkens/Bonk/Sachs/Schmitz 2023, VwVfG § 11, Rn. 1 ff.). Beteiligungsfähigkeit meint die Möglichkeit, überhaupt

Subjekt in einem Verwaltungsverfahren zu sein; Handlungsfähigkeit die Möglichkeit, eigene Rechte, Belange und Interessen im Verfahren rechtswirksam selbst im eigenen Namen vorzunehmen. In der Schule sind die Behörde (vertreten durch den Schulleiter) sowie die Eltern oder volljährigen Schüler beteiligungs- und handlungsfähig. Die minderjährigen Schüler sind beteiligungsfähig. Handlungsfähig sind sie nur, wenn dies spezialgesetzlich eingeräumt ist, so beispielsweise bei der Entscheidung über die Teilnahme am Religionsunterricht ab dem 14. Lebensjahr (§ 5 KErzG). In Bayern sind Schüler bei der Verhängung eines schriftlichen oder verschärften Verweises als Ordnungsmaßnahme passiv handlungsfähig. Hier reicht die Anhörung des Schülers aus (Art. 88 Abs. 3 Satz 1 Nr. 1 i. V. m. Art. 86 Abs. 2 Nr. 1, 2 BayEUG). Allerdings ist der Verweis auch eher als Realakt denn als Verwaltungsakt zu klassifizieren, weil keine Rechtswirkung jenseits der Schule eintritt. Was die aktive Handlungsfähigkeit angeht – also das Stellen eigener Anträge oder das Einlegen eines Widerspruchs –, sind aber auch in solchen Fällen nur die Eltern handlungsfähig, sonst würde das Prinzip des Minderjährigenschutzes unterlaufen.

Im nächsten Schritt klärt man, ob und wie andere Behörden, beispielsweise die Schulaufsicht oder der Schulträger, zu beteiligen sind. Es folgt die Ermittlung des Sachverhalts anhand der Frage, welche Umstände für einen Fall erheblich und aufklärungsbedürftig sind (§§ 24, 26 VwVfG). Dabei haben die Betroffenen eine Mitwirkungslast, das heißt, sie sollen ihnen bekannte Beweismittel und Tatsachen vorbringen. Bei all dem gilt es, Beteiligungsfehler zu vermeiden (§§ 20, 21 VwVfG). Nur solche Personen dürfen für die Behörde tätig werden, die bei den Beteiligten kein Misstrauen gegen ein neutrales und unparteiisches Verfahren rechtfertigen (Stelkens/Bonk/Sachs/Schmitz 2023, VwVfG § 20, Rn. 1). Dies wäre beispielsweise der Fall, wenn ein Angehöriger über eine Ordnungsmaßnahme entscheidet.

Vor einer belastenden Entscheidung müssen die Beteiligten noch einmal angehört werden (§ 28 VwVfG). Insbesondere wird so erreicht, dass die Betroffenen nicht zu bloßen Objekten behördlicher Beschlüsse werden. Sie sollen vor Erlass des Verwaltungsakts die entscheidungserheblichen Tatsachen erfahren, sich hierzu äußern und möglicherweise den Sachverhalt ergänzen und korrigieren können (Stelkens/Bonk/Sachs/Kallerhoff/Mayen 2023, VwVfG § 28, Rn. 4 ff.). Nur in wenigen Ausnahmefällen kann auf die Anhörung verzichtet werden, etwa wenn die Maßnahme sonst zu spät käme, um ihren Zweck zu erreichen. Dies könnte beispielsweise der Fall sein, wenn ein pöbelnder Schüler eine Schulveranstaltung so gravierend stört, dass ein sofortiger Ausschluss von der Veranstaltung geboten erscheint.

Rechtmäßigkeit eines Verwaltungsakts

A. *Ermächtigungsgrundlage*

B. *Formelle Rechtmäßigkeit*

   I. Örtliche und sachliche Zuständigkeit

   II. Beachtung der Verfahrensvorschriften

      1. Mitwirkung einer anderen Behörde
      2. Aufklärung des Sachverhalts
      3. Beteiligungsfehler
      4. Anhörung
      5. Bekanntgabe

   III. Beachtung von Formvorschriften

C. *Materielle Rechtmäßigkeit*
   I. Erfüllung der Tatbestandsvoraussetzungen
   II. Inhaltliche Bestimmtheit
   III. Nichts rechtlich oder tatsächlich Unmögliches
D. *Wahl der richtigen Rechtsfolge*
   I. Gebundene Entscheidung
   II. Entschließungs- und/oder Auswahlermessen
      1. Überprüfung von Ermessensfehlern
      2. Überprüfung der Verhältnismäßigkeit

Nach der Klärung der formellen Aspekte erfolgt die Sachentscheidung unter Beachtung der materiellen Rechtmäßigkeit. Hierzu muss die Schule die Ermächtigungsgrundlage richtig anwenden, und ihr dürfen keine Fehler bei der Prüfung der tatbestandlichen Voraussetzungen und bei der Auswahl der Rechtsfolge unterlaufen. Darüber hinaus darf die Schule nichts verlangen, was niemand ausführen kann (§ 44 Abs. 2 Nr. 4 VwVfG), zum Beispiel die Zuweisung in eine Parallelklasse als Ordnungsmaßnahme, wenn keine Parallelklasse existiert.

Weiterhin muss der Verwaltungsakt auch inhaltlich hinreichend bestimmt sein (§ 37 Abs. 1 VwVfG). Er soll zum Ausdruck bringen, von wem was wann verlangt oder wem was wann gewährt oder versagt wird. Demgegenüber ist die Form des Verwaltungsakts offen (§ 37 Abs. 2 Satz 1 VwVfG). Wenn ein Schulleiter einen Schüler für den Rest des Schultages vom Unterricht ausschließt, dann kann dies auch mündlich geschehen. Die Schriftform ist allerdings die Normalform des Verwaltungsakts. Sie bietet sowohl für die Schule als auch für den Betroffenen eine sichere und unmissverständliche Grundlage (Stelkens/Bonk/Sachs/Stelkens 2023, VwVfG § 37, Rn. 49 f.).

Manchmal ist die Schriftform vorgeschrieben. So müssen die Eltern eines Schülers in Hessen, der nicht versetzt wird, hiervon durch eingeschriebenen Brief unterrichtet werden (§ 23 Abs. 5 Satz 1 VOGSV). Ein schriftlicher Verwaltungsakt – hierzu gehört auch ein solcher per E-Mail – muss in der Regel begründet werden (§ 39 VwVfG). Dies gilt sowohl für die gebundene als auch für die Ermessensverwaltung und vor allem für pädagogische Entscheidungen. Diese sind gerichtlich nur eingeschränkt überprüfbar und bedürfen deshalb einer besonders eingehenden Begründung (Stelkens/Bonk/Sachs/Stelkens 2023, VwVfG § 39, Rn. 8).

Der Verwaltungsakt muss mit einer Rechtsbehelfsbelehrung versehen sein (§ 37 Abs. 6 Satz 1 VwVfG), zum Beispiel: »Gegen diesen Bescheid kann innerhalb eines Monats nach Bekanntgabe Widerspruch erhoben werden. Der Widerspruch ist schriftlich, zur Niederschrift oder mit elektronisch qualifizierter Signatur bei [Name, Anschrift, E-Mail der Schule] einzulegen.« Unterbleibt diese Belehrung oder ist sie unrichtig, wird der Verwaltungsakt nicht rechtswidrig, aber der Widerspruch kann innerhalb eines Jahres eingelegt werden.

Das Verfahren schließt mit der Bekanntgabe des Verwaltungsakts (§ 41 VwVfG; Detterbeck 2023, Rn. 551 ff.). Erst dann ist dieser mit den darin enthaltenden Regelungen wirksam. Die Bekanntgabe muss von der Schule als zuständige Behörde willentlich gegenüber dem Betroffenen bzw. dessen gesetzlichem Vertreter erfolgen und diesem auch zugegangen sein. Zugegangen ist der Verwaltungsakt, wenn er so in den Herrschaftsbereich des Empfängers gelangt ist, dass dieser bei gewöhnlichem Verlauf und unter normalen Umständen die Möglichkeit hatte, von ihm Kenntnis zu nehmen. Bei brieflicher Zustellung ist hiervon drei Tage nach Aufgabe bei der Post auszugehen.

Diese Regelungen sind gerade in der Schule bedeutsam. Hat ein Fachlehrer beispielsweise nach der mündlichen Abiturprüfung einem Schüler mitgeteilt, er sei durchgefallen, ist der Verwaltungsakt nicht bekannt gegeben. Der Beamte war nicht zuständig. Ein Bescheid über die Beurlaubung vom Unterricht, den der Schulleiter nur als Entwurf verfasst und den das Sekretariat versehentlich zur Post gegeben hat, ist nicht wirksam. Hier fehlt der Bekanntgabewille. Informiert eine Klassenlehrerin die Eltern eines Schülers vorab per E-Mail, dass der beantragte Nachteilsausgleich genehmigt wurde, so hat der Bescheid die Schule noch gar nicht verlassen und kann folglich auch nicht wirksam sein. Bei der Prüfung eines Verwaltungsakts gehört der Aspekt der ordnungsgemäßen Bekanntgabe zu den formellen Rechtmäßigkeitsvoraussetzungen.

4.5 Ein Beispiel: Täuschungsversuch

Als Beispiel für schulisches Verwaltungshandeln betrachten wir folgenden Sachverhalt:

Alara besucht die neunte Klasse eines Gymnasiums in Rheinland-Pfalz. Sie gilt als gute Schülerin. Manchmal ist sie etwas zu ehrgeizig. Vor einigen Wochen hat sie die Unterschrift ihrer Eltern gefälscht, weil sie in einer Mathematikarbeit nur eine Drei hatte und sich dafür schämte. Die

Lehrerin hat den Vorfall mit ihr und den Eltern besprochen und Alara aktenkundig ermahnt.

Am 27. November findet eine dreißigminütige schriftliche Überprüfung in Chemie statt. Frau Gerding, die Chemielehrerin, weist zu Beginn darauf hin, dass »Pfuschen« oder »Spicken« zu einer Benotung mit Sechs führen könne und die Smartphones ausgeschaltet in der Schultasche bleiben müssten.

Alara bittet nach 15 Minuten, auf die Toilette gehen zu dürfen, was Frau Gerding ihr gestattet. Nach acht Minuten kommt sie zurück und schreibt weiter. Kurz vor Ende der Bearbeitungszeit klingelt das Telefon in ihrer Hosentasche. Alara macht einen sehr überraschten Eindruck und fragt, ob sie das Telefon schnell ausschalten dürfe. Frau Gerding bejaht und bittet Alara, nach der Stunde zu ihr zu kommen.

Im Gespräch macht Frau Gerding deutlich, dass sie in Alaras Verhalten einen schweren Täuschungsversuch sieht. Alara habe gewusst, wo sie das Handy während des Tests hätte aufbewahren müssen. Alara antwortet, dass sie sehr aufgeregt gewesen sei, die Nacht vor dem Test kaum geschlafen habe und bei der Ansage wegen des Smartphones nicht ganz bei der Sache gewesen sei. Frau Gerding fragt nach: »Warum warst du dann so lange auf der Toilette?« Alara antwortet, dass ihr übel gewesen sei und sie deshalb noch ein paar Minuten am offenen Fenster gestanden habe. Frau Gerding merkt, dass Alara ziemlich durcheinander ist, und sagt, sie wolle darüber nachdenken.

Abends liest Frau Gerding die Norm in der SchulO RP und denkt darüber nach, was sie tun will: »§ 55 Täuschungshandlungen und ordnungswidriges Verhalten bei Leistungsnachweisen: (1) Werden bei einem Leistungsnachweis unerlaubte Hilfsmittel benutzt oder wird auf andere Weise zu täuschen versucht, kann die Fachlehrkraft die Wiederholung anordnen, die Bewertung herabsetzen oder in einem schweren Fall die Note ›ungenügend‹ erteilen. Wird der Täuschungsversuch während des Leistungsnachweises festgestellt, so kann – unbeschadet der Regelung in Satz 1 – die aufsichtführende Lehrkraft in einem schweren Fall die Schülerin oder den Schüler von der weiteren Teilnahme ausschließen.«

Am nächsten Tag teilt Frau Gerding ihrer Schülerin mit, dass sie den Test mit »ungenügend« bewerten würde. Alara weint. Sie sei doch gut vorbereitet gewesen und habe es gar nicht nötig zu schummeln. Außerdem wäre sie dann wohl kaum so blöd gewesen, ihr Handy nicht wenigstens stumm zu schalten.

Frau Gerding bleibt jedoch bei ihrem Entschluss und ruft die Eltern am Abend an, um ihnen den Vorfall mitzuteilen.

Ist Frau Gerdings Maßnahme rechtmäßig? Die Frage kann in Form eines Gutachtens beantwortet werden, das mit einem Obersatz beginnt (Kapitel 2.5): Die Beurteilung des Chemietests mit »ungenügend« ist rechtmäßig, wenn sie in formeller und materieller Hinsicht dem geltenden Recht entspricht.

A. *Ermächtigungsgrundlage.* Zunächst müsste das belastende Handeln der Lehrkraft auf einer wirksamen Ermächtigungsgrundlage beruhen. Hierbei kommt allein § 55 Abs. 1 SchulO RP in Frage, der Lehrkräfte ermächtigt, Täuschungsversuche zu sanktionieren.

B. *Rechtliche Handlungsform.* Die Rechtmäßigkeit ist

von der rechtlichen Handlungsform abhängig. Festzustellen ist daher zunächst, ob ein Verwaltungs- oder ein Realakt vorliegt.

Es könnte sich um einen Verwaltungsakt handeln. Dies ist der Fall, wenn die Merkmale des § 35 VwVfG erfüllt sind. Hierzu muss zunächst eine Maßnahme vorliegen, also ein Handeln oder Tun. Frau Gerding hat den Willen gebildet, den Test mit »ungenügend« zu bewerten, diesen geäußert und in die Tat umgesetzt. Sie hat also gehandelt und eine Maßnahme getroffen.

Weiterhin muss Frau Gerding als Behörde gehandelt haben. Als Amtswalterin ist sie für die Ahndung von Täuschungsversuchen nach § 55 Abs. 1 SchulO RP zuständig. Sie ist deshalb als Behörde im funktionalen Sinne tätig (§ 2 LVwVfG). Frau Gerding muss außerdem hoheitlich und auf dem Gebiet des öffentlichen Rechts agiert haben. Sie hat im Überordnungsverhältnis gegenüber der Schülerin und somit hoheitlich gehandelt. Dabei hat sie eine öffentlichrechtliche Vorschrift angewandt, die ausschließlich sie als Trägerin öffentlicher Gewalt berechtigt, Maßnahmen zu ergreifen. Folglich liegt eine hoheitliche Maßnahme auf dem Gebiet des öffentlichen Rechts vor. Die Maßnahme betrifft außerdem den konkreten Einzelfall der betroffenen Schülerin.

Die Maßnahme muss aber auch eine Regelung enthalten. Dies setzt voraus, dass eine unmittelbare Rechtswirkung eintritt, durch die subjektive Rechte begründet, geändert, aufgehoben oder verbindlich festgestellt werden. In der Bewertung mit »ungenügend« liegt eine Sanktionierung der Täuschungshandlung, für die die zugrunde liegende Norm eine Rechtsfolge vorsieht. Alara verliert die Möglichkeit, dass ihre tatsächliche Leistungsfähigkeit (§ 52 Abs. 1 SchulO RP) festgestellt wird und muss dulden, dass ihre Leistung mit »ungenügend« bewertet wird. Hierin könnte eine Regelung bestehen. Allerdings umfasst die Maßnahme lediglich »Schritte und Resultate im Lernprozess« (§ 50 Abs. 1 Satz 2 SchulO RP); sie hat keine weitere, die Rechte der Schülerin im Schulverhältnis betreffende Auswirkung. Die Folgen der Maßnahme sind vergleichbar mit einer Benotung von Tests unter regulären Umständen. Auch dann hätte eine negative Einzelnote keine Regelungswirkung. Diese träte erst ein, wenn die Benotung zur Nichtversetzung oder zu einem Nachteil auf einem Bewerbungszeugnis führte (Einschränkung der Berufsfreiheit, Art. 12 Abs. 1 Satz 1 GG). Durch die Bewertung mit »ungenügend« im konkreten Fall verringern sich die Möglichkeiten des schulischen Vorankommens oder der Berufswahl jedoch nicht. Die Sanktion wirkt sich nur im Innenverhältnis zwischen Schülerin und Schule aus.

Die Maßnahme erschöpft sich in ihrem tatsächlichen Erfolg, der Schülerin ihr Fehlverhalten vor Augen zu führen. Es liegt keine Regelung mit unmittelbarer Außenwirkung vor und folglich kein Verwaltungsakt, sondern ein Realakt. Allerdings sind auch an einen belastenden Realakt Rechtmäßigkeitsvoraussetzungen geknüpft, die sich aus dem Rechtsstaatlichkeitsprinzip (Art. 20 Abs. 3 GG) ergeben.

C. Formelle Rechtmäßigkeit.

I. Zuständigkeit (§ 55 SchulO RP). Für das Ergreifen einer Maßnahme bei einem Täuschungsversuch ist die Fachlehrkraft zuständig (§ 55 Abs. 1 Satz 1 SchulO RP). Dies ist Frau Gerding, sodass ihre Zuständigkeit gegeben ist.

II. Analoge Anwendung des VwVfG. Die Lehrkraft müsste verfahrens- und formfehlerfrei gehandelt haben. § 55 Abs. 1 SchulO RP enthält nur eine Formvorschrift zur Zuständigkeit. Weitere formelle Vorgaben können ihm nicht entnommen werden. Es könnte aber ein Rückgriff auf das VwVfG geboten sein. In Rheinland-Pfalz verweist das LVwVfG dynamisch auf das VwVfG (§ 1 Abs. 1 LVwVfG). Das VwVfG bezieht sich ausdrücklich auf Verwaltungsakte (§ 9 VwVfG) und nicht auf Realakte. Eine analoge Anwendung ist möglich, wenn eine Regelungslücke besteht, der ungeregelte und der geregelte Sachverhalt vergleichbar sind und es kein Analogieverbot gibt (Reimer 2020, Rn. 555 ff.).

Ein Analogieverbot ist nicht ersichtlich. Es könnte aber eine Regelungslücke bestehen. Der Verwaltungsakt ist ein klassischer Grundrechtseingriff; durch ihn geht der Staat in imperativer Form vor und schafft eine nach außen gerichtete Regelung. Dies ist zwar beim Realakt gerade nicht der Fall, allerdings wird auch dann ein Eingriff in die Grundrechte bejaht, wenn das staatliche Handeln dem Einzelnen ein Verhalten zumindest erschwert (erweiterter Eingriffsbegriff, Kapitel 3.4, S. 68). Ein belastender Realakt – wie die Beurteilung des Tests mit »ungenügend« – beeinträchtigt zumindest das Recht auf allgemeine Handlungsfreiheit (Art. 2 Abs. 1 GG). Dieses schützt jedes menschliche Verhalten, also auch den Täuschungsversuch. Der sich daraus ergebende Regelungsbedarf wurde vom Gesetzgeber nicht aufgegriffen. Auf der Grundlage des erweiterten Eingriffbegriffs entsteht so eine Regelungslücke, die durch analoge Anwendung des VwVfG geschlossen werden kann. Eine analoge Anwendung einzelner Normen der §§ 10 ff. VwVfG ist folglich möglich. Dabei sind diejenigen Verfahrensnormen analogiefähig, durch die der Grundsatz der

Rechtsstaatlichkeit gewahrt wird. Hierzu gehören der Untersuchungsgrundsatz (§ 24 VwVfG analog), die Anhörungspflicht (§ 28 VwVfG analog) und die Befangenheit (§§ 20, 21 VwVfG analog).

1. *Untersuchungsgrundsatz* (§ 24 VwVfG analog). Die Lehrkraft müsste den Sachverhalt ermittelt haben und dabei den Rahmen, die Methoden und die Intensität der Ermittlung richtig gewählt haben (§ 24 Abs. 1 Satz 2 VwVfG analog). Frau Gerding hat Alara nach dem Test mit ihrem Verdacht eines Täuschungsversuchs konfrontiert und sich von ihr die Situation erklären lassen. Sie erkundigt sich, um offene Fragen zu klären. Die Befragung ist eine geeignete und zweckmäßige Methode, um den Sachverhalt aufzuklären. Alara hatte die Möglichkeit, für sie günstige Aspekte vorzubringen. Es gab keine Anhaltspunkte, um den Umfang der Ermittlungen auszuweiten.

2. *Anhörung* (§ 28 VwVfG analog). Alara müsste vor der sie belastenden Maßnahme gehört worden sein (§ 28 Abs. 1 VwVfG analog). Alara wurde nach einer Bedenkzeit, die sich Frau Gerding vor der endgültigen Entscheidung genommen hat, noch einmal angehört. Hierbei hatte sie die Gelegenheit, ihre Sicht der Dinge vorzutragen. Eine Anhörung hat daher stattgefunden.

Fraglich ist, ob auch Alaras Eltern hätten angehört werden müssen. Sie vertreten ihr Kind (§ 1629 i. V. m. § 1626 BGB). Alara ist nur beschränkt geschäftsfähig (§ 106 BGB) und wäre im Verwaltungsverfahren nach § 12 Abs. 1 Nr. 2 VwVfG nicht handlungsfähig. Allerdings ist diese Norm nicht analog anwendbar. Gerade bei Realakten in der Schule ist bei einsichtsfähigen Minderjährigen häufig Handlungsfähigkeit gegeben. Beispielsweise werden den Schülern

Klassenarbeiten ohne vorherige Anhörung der Eltern ausgehändigt (§ 56 Abs. 3 SchulO RP). Die vorliegende Maßnahme ist von der Eingriffsintensität vergleichbar. Notwendig ist es allerdings, dass die Eltern über wesentliche Vorgänge unterrichtet werden (§ 8 Abs. 3 Satz 2 SchulO RP). Dies hat Frau Gerding mit dem abendlichen Telefongespräch getan.

3. *Beteiligungsfehler* (§ 20, 21 VwVfG analog). Dem Sachverhalt sind keine Hinweise auf Befangenheit zu entnehmen oder Tatsachen, die Misstrauen gegen ein neutrales, unparteiisches Verhalten wecken würden.

Zwischenergebnis. Die Maßnahme, den Test mit »ungenügend« zu bewerten, ist formell rechtmäßig.

D. Materielle Rechtmäßigkeit. Der Realakt müsste auch materiell rechtmäßig sein. Dazu muss der belastende Realakt mit der Ermächtigungsgrundlage übereinstimmen, und falls Ermessen besteht, dürfen die Grenzen des Ermessens nicht überschritten sein.

I. Ermächtigungsgrundlage. Rechtsgrundlage für die getroffene Entscheidung ist § 55 SchulO RP. Dessen formelle und materielle Rechtmäßigkeit wird hier vorausgesetzt. Nach Absatz 1 kann die Fachlehrkraft die Wiederholung eines Leistungsnachweises anordnen, die Bewertung herabsetzen oder in einem schweren Fall die Note »ungenügend« erteilen, wenn unerlaubte Hilfsmittel benutzt oder auf andere Weise zu täuschen versucht wurde. Der Chemietest ist eine schriftliche Überprüfung und damit ein Leistungsnachweis (§ 52 Abs. 4 Satz 1 SchulO RP).

II. Tatbestandsmäßigkeit. Alara könnte einen schweren Täuschungsversuch nach § 55 Abs. 1 Satz 1 SchulO begangen haben.

1. Objektiver Tatbestand. Hierzu muss Alara ein unerlaubtes Hilfsmittel eingesetzt oder auf andere Art zu täuschen versucht haben. Alara hat ein Smartphone mitgeführt. Es handelt sich dabei um ein geeignetes Hilfsmittel zur umfassenden Information über die gestellten Prüfungsfragen. Es ist auch unerlaubt. Frau Gerding hat ausdrücklich darauf hingewiesen, dass Smartphones ausgeschaltet in der Schultasche verbleiben müssten. Durch das Klingeln des Telefons ist eindeutig erwiesen, dass Alara das Smartphone in der Hosentasche mitgeführt hat. Dies ist ein Verstoß gegen die Prüfungsvorgaben, unbeschadet der tatsächlichen Verwendung. Alara hat ein unerlaubtes Hilfsmittel eingesetzt.

2. Subjektiver Tatbestand. Alara muss auch Vorsatz bezüglich der objektiven Tatbestandsmerkmale besessen haben. Alara dürfte also nicht aus einfacher Nachlässigkeit gehandelt haben (Fischer/Jeremias/Dieterich 2022, Rn. 235).

a) Vorsatz ist gegeben, wenn ein Prüfling ein zielgerichtetes Täuschungswollen an den Tag legt (unbedingte Täuschungsabsicht). Alara sagt in dem Gespräch, dass sie aufgeregt gewesen sei, kaum geschlafen und deshalb die Ankündigung hinsichtlich der Smartphones nicht wahrgenommen habe. Sie wirkt verstört und weckt so zumindest gewisse Zweifel bei Frau Gerding bezüglich der Täuschungsabsicht, denn Frau Gerding will über die Sache nachdenken. Zudem ist Alara eigentlich eine gute Schülerin. Sie selbst weist darauf hin, dass sie es nicht nötig habe zu schummeln. Angesichts dieser Zweifel kann nicht mit Sicherheit festgestellt werden, dass eine unbedingte Täuschungsabsicht vorliegt.

b) Vorsatz liegt auch vor, wenn ein Prüfling sich den Täuschungsversuch als möglich vorstellt und trotzdem handelt (Eventualvorsatz). Hierzu müssten die Umstände nach der Lebenserfahrung typischerweise auf einen Täuschungsversuch hinweisen (Anscheinsbeweis). Alara muss trotz ihrer Unaufmerksamkeit aus vergleichbaren Prüfungssituationen bekannt sein, dass sie ein Smartphone nicht während der Prüfungszeit in der Hosentasche mitführen darf. Sie hätte sich daher vergewissern müssen, wo sich das Smartphone befindet. Hat sie dies nicht getan, muss von einem bewussten Mitführen ausgegangen werden.

Insbesondere der Toilettengang lässt ein unbewusstes Mitführen des Smartphones unglaubhaft erscheinen. Während eines Leistungsnachweises von nur dreißig Minuten vermeiden es Schüler üblicherweise, auf die Toilette zu gehen, um die Bearbeitungszeit nicht zu verkürzen. Ein achtminütiger Toilettengang ist demgegenüber eine relativ lange Zeitspanne. Man kann sich durchaus eine solche Länge ohne Täuschungsversuch erklären, beispielsweise bei gesundheitlichen Beeinträchtigungen. Alara gibt an, dass es ihr schlecht gewesen sei, allerdings erst, nachdem Frau Gerding sie mit dem Täuschungsversuch konfrontiert hat. Wäre es Alara tatsächlich schlecht gewesen, hätte sie Frau Gerding sofort darauf hingewiesen. Sie ist eine besonders ehrgeizige Schülerin und hätte auf Ausgleich der verlorenen Arbeitszeit gedrungen. Im Übrigen entkräftet Alaras Hinweis, dass sie es wegen ihrer Vorbereitung gar nicht nötig habe zu täuschen, den Anscheinsbeweis nicht. Vielmehr kommen auch bei guten und sehr ehrgeizigen Schülern Täuschungshandlungen vor, um eine noch bessere Leistung zu erzielen oder um Vorsorge zu treffen, falls wider Erwarten schwierige Aufgaben gestellt werden. Auch ist Alaras Verhalten nicht untypisch. Es kann darauf hindeuten, dass sie sich ertappt fühlte und die Reaktion der Lehrkraft erahnen konnte. Eventualvorsatz ist daher gegeben.

3. *»Schwerer Fall«*. Schließlich müsste es sich um einen »schweren Fall« im Sinne des § 55 Abs. 1 Satz 1 SchulO RP handeln, um die Note »ungenügend« zu erteilen. Ein schwerer Fall liegt vor, wenn ein Schüler in besonders drastischem Maße die Spielregeln des fairen Wettbewerbs und die Chancengleichheit der anderen, sich korrekt verhaltenden Prüflinge verletzt (Fischer/Jeremias/Dieterich 2022, Rn. 244). Objektiv ist dies der Fall, wenn ein Schüler die Regeln der Leistungserbringung in weitgehendem Maße zu seinen Gunsten beeinflusst hat, und subjektiv, wenn ein hohes Maß an Täuschungsenergie vorliegt. Ein Smartphone ist durch seine Internetfähigkeit geeignet, nahezu alle Probleme, die bei einem Leistungsnachweis auftreten, damit zu lösen. Es bietet mehr Möglichkeiten als einfache »Spickzettel«, weil es nicht notwendig ist, Wissenslücken zu antizipieren. Probleme lassen sich einfach »googeln«. Für ein hohes Maß an Täuschungsenergie spricht, dass Alara bereits einige Wochen vorher die Unterschrift ihrer Eltern gefälscht hat und somit kurz hintereinander wiederholt etwas vorgetäuscht hat.

Zwischenergebnis. Alara hat einen schweren Täuschungsversuch nach § 55 Abs. 1 Satz 1 SchulO begangen.

E. Rechtsfolge. Nach § 55 Abs. 1 Satz 1 SchulO RP kann die Lehrkraft die Wiederholung anordnen oder die Bewertung herabsetzen. Im Falle eines schweren Falles, der hier vorliegt, kann auch die Note »ungenügend« erteilt werden. Die Lehrkraft hat somit Entschließungs- und Auswahlermessen. Dieses muss sie fehlerfrei ausüben (§ 40 VwVfG analog).

I. Ermessensfehler.

1. Ermessensreduzierung und intendiertes Ermessen. Eine Ermessensreduzierung auf null, bei der im Einzelfall nur noch eine Handlungsmöglichkeit rechtmäßig ist, ist nicht ersichtlich. Jedoch könnte man den § 55 Abs. 1 Satz 1 SchulO RP dahingehend auslegen, dass das Ermessen in eine bestimmte Richtung gelenkt wird: In einem schweren Fall soll die Note »ungenügend« erteilt werden. Die Syntax der Norm kann aber so verstanden werden, dass auch in einem schweren Fall die beiden weniger belastenden Handlungsmöglichkeiten in Frage kommen und zusätzlich bei einem substanziellen Vergehen die Note »ungenügend« gegeben werden kann. Dieser Ansicht ist recht zu geben. Der Verordnungsgeber hätte sonst eine »Soll«-Vorschrift erlassen können. Die Formulierung mit »kann« überträgt der Lehrkraft die letzte Entscheidung über den Sachverhalt, denn nur sie kann die pädagogische Situation in allen Einzelheiten überblicken. Diese Möglichkeit würde ihr bei Annahme intendierten Ermessens aber gerade genommen. Sie hätte in einem schweren Fall nur noch eine Entscheidungsmöglichkeit. Intendiertes Ermessen wird daher an dieser Stelle abgelehnt.

2. Ermessensnichtgebrauch und -überschreitung. Ermessensnichtgebrauch und Ermessensüberschreitung sind nicht ersichtlich. Frau Gerding trifft ihre Entscheidung nicht sofort. Sie setzt sich mit dem Tatbestand und den möglichen Rechtsfolgen des § 55 SchulO RP während einer Bedenkzeit auseinander. Ihre Entscheidung bleibt auch innerhalb des gesetzlich gesteckten Rahmens. Sie folgt der

Rechtsnorm, bei einem schweren Verstoß die Arbeit mit »ungenügend« zu bewerten.

3. *Ermessensfehlgebrauch.* Frau Gerding müsste mit ihrer Entscheidung dem Zweck der gesetzlichen Ermesseneinräumung Rechnung getragen haben. Der Zweck der Ermesseneinräumung liegt darin, unberechtigte Vorteilsverschaffung zu verhindern und so die Chancengleichheit zu fördern. Die Maßnahme, den Test mit »ungenügend« zu bewerten, erfüllt den Zweck der Vorschrift. Ermessensmissbrauch in Form von Willkür oder der Einbeziehung sachfremder Erwägungen ist nicht ersichtlich. Auch gibt es keine Anhaltspunkte, dass Frau Gerding die wesentlichen tatsächlichen und persönlichen Umstände der Schülerin nicht in ihre Überlegungen einbezogen hätte.

Zwischenergebnis. Ermessensfehler sind nicht erkennbar.

II. Verhältnismäßigkeit. Allerdings könnte die Entscheidung der Lehrkraft gegen allgemeine Rechtsgrundsätze, insbesondere gegen die Verhältnismäßigkeit, verstoßen. Dies ist der Fall, wenn die Maßnahme die Schülerin übermäßig belastet.

1. *Legitimität des Zwecks.* Die Maßnahme – Beurteilung des Tests mit »ungenügend« – müsste einem legitimen Zweck dienen. Als solcher kommt die Chancengleichheit nach Art. 3 Abs. 1 GG in Frage.

2. *Geeignetheit.* Eine Maßnahme ist geeignet, wenn sie dem angestrebten Zweck generell dienen kann. Die Beurteilung mit »ungenügend« bei einem schweren Täuschungsversuch stellt die Chancengleichheit für die anderen Schüler wieder her. Die Maßnahme ist daher geeignet.

3. *Erforderlichkeit.* Eine Maßnahme ist erforderlich, wenn es kein milderes, aber ebenso wirksames Mittel gibt.

Frau Gerding hätte auch eine Wiederholung anordnen oder die Note herabsetzen können. Allerdings wäre dann, bei der Schwere des Täuschungsversuchs, die Chancengleichheit der anderen Prüflinge nicht im gleichen Maße wiederhergestellt worden. Würde die Möglichkeit einer Wiederholung eingeräumt oder die Note nur herabgesetzt, würde die generalpräventive Wirkung der Sanktion verloren gehen. Aus Sicht der Schüler könnte es sich dann lohnen, einen Täuschungsversuch zumindest zu riskieren. Dies würde die Chancengleichheit nicht fördern. Die Maßnahme ist folglich erforderlich.

4. *Angemessenheit* Eine Maßnahme ist angemessen, wenn bei der Gesamtabwägung zwischen der Schwere des Eingriffs und dem Gewicht und der Dringlichkeit der ihn rechtfertigenden Gründe die Grenze der Zumutbarkeit gewahrt bleibt. Maßstab für die Angemessenheit der aus einem Täuschungsversuch resultierenden Sanktion sind die Intensität der Täuschungshandlung, der Grad der Verletzung der Spielregeln des fairen Wettbewerbs und das Maß der Beeinträchtigung der Chancengleichheit (Fischer/Jeremias/Dieterich 2022, Rn. 240).

Die Intensität der Täuschungshandlung ist als hoch einzustufen. Ein internetfähiges Smartphone bietet nicht nur einen unbegrenzten Zugriff auf Informationen, sondern ermöglicht es auch, andere zu kontaktieren, um eine Aufgabe zu lösen. Bei einem unerkannten Täuschungsversuch könnte Alara leicht fremdes Wissen als eigenes ausgeben und eine besonders brillante Lösung vortäuschen. Frau Gerding hat erst zum Ende der Prüfung erkannt, dass Alara ein Smartphone mit sich geführt hat. Es lässt sich so nicht mehr feststellen, ob die Schülerin überhaupt eine eigene

Leistung erbracht hat. Die Spielregeln des fairen Wettbewerbs sind gegenüber Schülern, die den Test ohne Hilfsmittel absolviert haben, in besonders schwerer Weise verletzt. Alle Schüler haben einen Anspruch darauf, den Test unter gleichen Bedingungen zu schreiben und die gleichen Chancen zu bekommen. Diese Chancengleichheit ist durch das Verhalten Alaras besonders verletzt worden.

Demgegenüber liegt ein Eingriff in die freie Entfaltung der Persönlichkeit nach Art. 2 Abs. 1 GG in nur sehr geringem Maße vor. Zwar muss Alara ihr Verhalten gegenüber den Eltern und ggf. auch gegenüber ihren Mitschülern rechtfertigen, jedoch sind solche alltäglichen Probleme schnell vergessen. Der Schutzbereich der Berufsfreiheit (Art. 12 Abs. 1 Satz 1 GG) hat hier keine Bedeutung, solange die ungenügende Leistung sich nicht durch das Zeugnis auf die Berufswahl auswirkt. Davon ist in einem Zeugnis der neunten Klasse nicht auszugehen. Insgesamt hat die Einzelbewertung eines Tests eine nur geringe Auswirkung auf Alaras Schullaufbahn. Die Sicherstellung der Chancengleichheit wiegt demgegenüber ungleich schwerer. Folglich ist die Maßnahme angemessen.

Zwischenergebnis. Die Maßnahme, den Test mit »ungenügend« zu bewerten, genügt dem Grundsatz der Verhältnismäßigkeit. Der Realakt ist materiell rechtmäßig.

Ergebnis. Die Beurteilung des Chemietests mit »ungenügend« ist in formeller und materieller Hinsicht rechtmäßig.

Das Beispiel zeigt, dass ein auf den ersten Blick einfacher Sachverhalt, der in der Schule häufig vorkommt, eine Reihe von Rechtsfragen aufwirft. Diese werden in der Praxis nicht immer so detailliert und schon gar nicht schriftlich beantwortet werden können. Es hilft aber schon, die einzelnen Aspekte der Reihe nach zu durchdenken, vielleicht auf einem Zettel zu notieren und mit anderen Lehrkräften zu diskutieren. So lernt man mit der Zeit, sich auf die problematischen Schwerpunkte zu konzentrieren. Das sind diejenigen, die man im ausführlichen Gutachtenstil mit Obersatz – Definition – Subsumtion – Ergebnis behandelt. Weniger komplexe Fragen, die man ohne Bildung eines Obersatzes im Gutachten behandelt, erfordern nicht so viel Aufmerksamkeit; und Eindeutiges kann einfach festgestellt werden.

Das Beispiel verdeutlicht auch, dass es nicht für alle Probleme eindeutige Normen gibt. Manchmal deckt das Gesetz trotz Auslegung den zu beurteilenden Fall nicht ab, und der Gesetzgeber hat eine unbeabsichtigte Regelungslücke gelassen. Diese Lücke kann dann durch Analogie geschlossen werden. Dies war hier beim Realakt der Fall.

Eine Besonderheit ergibt sich schließlich in den Fällen, in denen es um rechtswidriges und schuldhaftes Verhalten geht. In der Schule sind dies Täuschungsversuche oder Ordnungswidrigkeiten. Es existiert dann eine objektive Seite, die von der Außenwelt wahrgenommen werden kann, und eine subjektive Seite, die sich auf die innere Haltung, Einstellung und Gedankenwelt des Verursachers bezieht. Objektiv muss die Tathandlung zum Erfolg führen, subjektiv muss der Täter den Willen haben, den Erfolg herbeizuführen. Hier nähert sich das Schulrecht dem Strafrecht an.

5 Interpretation ist gefragt
Die Auslegung von Rechtsnormen

Schulgesetze enthalten häufig vom Gesetzgeber beabsichtigte Unschärfen: unbestimmte Rechtsbegriffe oder Generalklauseln. In der Rechtsanwendung müssen Lehrkräfte diese Begriffe auslegen. Das Kapitel bietet dazu ein Verfahren an und zeigt die Anwendung anhand von Beispielen aus der Praxis. Es schließt mit einem kurzen Leitfaden für die schriftliche Kommunikation von Entscheidungen.

5.1 Auslegung

Rechtfertigung eines juristischen Arguments

In den vorhergehenden Kapiteln wurde beschrieben, wie Juristen eine Argumentation entwickeln. Das Vorgehen unterscheidet sich zunächst nicht von anderen Argumentationen, bei denen allgemeingültige oder akzeptierte Aussagen logisch miteinander verknüpft werden, um eine Antwort auf eine strittige Frage zu finden. Die Rechtfertigung eines Arguments beruht folglich auf zwei Elementen: der Wahrheit jeder Aussage und der korrekten, kohärenten Verknüpfung.

In der juristischen Argumentation erfolgt die Verknüpfung durch den Syllogismus, eine Folge von Aussagesätzen, die mit dem Anspruch verbunden sind, dass vorausgehende Aussagen (Prämissen) eine Schlussfolgerung (Konklusion) stützen (Kapitel 2.5, S. 34). Wird diese deduktive

Struktur eingehalten, kommt man zu einer logisch konsistenten und widerspruchsfreien Begründung. Alexy (1983: 273 ff.) spricht von der internen Rechtfertigung.

Allerdings müssen auch die Prämissen, aus denen die Konklusion folgt, wahr sein. Nur dann ist es rational, das Ergebnis für gerechtfertigt zu halten. Zur internen kommt deshalb die externe Rechtfertigung, mit der man die verwendeten Prämissen begründet (Alexy 1983: 283 ff.). Eine Prämisse ist wahr, wenn das der Fall ist, was sie besagt. In der juristischen Argumentation kann man aber nicht auf eine allgemeine Akzeptanz abstellen. Vielmehr muss sich der Wahrheitsgehalt aus der geltenden Rechtsordnung ergeben. Dies erscheint auf den ersten Blick unproblematisch. Die Frage, ob ein Schüler in die nächste Jahrgangsstufe vorrücken darf, ist mit § 75 Abs. 1 HSchG klar zu beantworten: Ein Schüler ist zu versetzen, wenn die Leistungen in allen Fächern mindestens ausreichend sind. Der Schüler A hat in allen Fächern ausreichende Leistungen. Also: Der Schüler A ist zu versetzen.

Sprache ist aber nicht so eindeutig. Wenn wir in § 9 Abs. 1 Satz 1 HSchG lesen, »die Zahl der Unterrichtsstunden, die auf die Unterrichtsfächer, Lernbereiche und Aufgabengebiete entfallen, wird in Stundentafeln festgelegt«, dann gehen wir unbewusst davon aus, dass eine Unterrichtsstunde 45 Minuten dauert. Tatsächlich ist dies aber überhaupt nicht offensichtlich, denn der Gesetzgeber definiert den Begriff »Unterrichtsstunde« zumindest in diesem Gesetz nicht. Wenn wir annehmen, dass die Stunde 45 Minuten entspricht, dann bringen wir unsere Erfahrungen in die Norm ein. In den Worten Gadamers (2010: 392): »Die Vollzugsweise des Verstehens ist die Auslegung. [...] Alles

Verstehen ist Auslegen, und alles Auslegen entfaltet sich im Medium der Sprache, die den Gegenstand zu Worte kommen lassen will und doch zugleich die eigene Sprache des Auslegers ist.« Wenn der Wahrheitsgehalt vom Verstehen abhängt, muss es Verfahren geben, damit Prämissen als wahr gelten können.

Bei der Betrachtung des juristischen Syllogismus haben wir gesehen, dass man nur dann subsumieren kann, wenn man eine Definition des Tatbestandsmerkmals formuliert. Dabei interpretiert man die Norm. Im Gegensatz zur Interpretation beispielsweise von Literatur hat die Auslegung von Normen aber erheblichen Einfluss auf die Rechte von Menschen. Während man Literatur als Partitur auffassen kann, die jeder Leser unterschiedlich interpretiert, darf dies im Recht gerade nicht geschehen. Das Vorverständnis, das für Gadamer grundlegend für das Verstehen ist, ist im Falle von Rechtsfragen deshalb ein professionelles Vorverständnis, das man durch Studium und Praxis entwickelt.

Ziel der Auslegung ist es, den »richtigen« Sinn einer Norm zu ermitteln, indem man Argumente für oder gegen eine bestimmte Interpretation betrachtet. Auf diese Art kommt man zu wahren Prämissen. Wie die Abwägung (Kapitel 4.3, S. 90) erfolgt auch die Auslegung nicht willkürlich, sondern systematisch und in nachprüfbarer Weise (Larenz/Canaris 1995: 140). Nur dann ist das darauf basierende Urteil extern gerechtfertigt.

Als kanonisch werden die Auslegungsmethoden von Savignys aus dem 19. Jahrhundert betrachtet, die im Laufe der Zeit modifiziert wurden und zu vier Elementen geführt haben (BVerfGE 11, 129 ff.; ausführlich Wank 2020: 121 ff.):

- Auslegung aus dem Wortlaut der Norm (grammatische Auslegung)
- Auslegung aus dem Zusammenhang (systematische Auslegung)
- Auslegung aus den Gesetzesmaterialien und der Entstehungsgeschichte (historische Auslegung)
- Auslegung aus dem Normzweck (teleologische Auslegung)

Die Auslegung bezieht sich dabei weniger auf den subjektiven Willen des Gesetzgebers zum Zeitpunkt der Entstehung als auf die »objektive« Bedeutung des Gesetzes, also des im Gesetzestext selbst auffindbaren Sinns. In der Literaturwissenschaft würde man von einem werkimmanenten Ansatz sprechen.

Auslegung
Auslegung ist die Methode zum Verstehen einer Norm. Hierzu argumentiert man für eine bestimmte Bedeutung anhand des Wortlauts, des systematischen Gesetzeszusammenhangs, der Entstehungsgeschichte und des Zweckes.

Grammatische Auslegung

Von Savigny (1840: 213) hat die grammatische Auslegung so definiert: »Das grammatische Element der Auslegung hat zum Gegenstand das Wort, welches den Übergang aus dem Denken des Gesetzgebers in unser Denken vermittelt.« Den Wortsinn zu verstehen, bildet den ersten und wichtigsten Schritt der Auslegung (Möllers 2021: 132 ff.). Hierbei wird angenommen, dass der Gesetzgeber Begrifflichkeiten so verwendet, dass er einen bestimmten Interpretationserfolg beim Rezipienten erreicht. Die Normensprache ist daher spezifischer als die Umgangssprache, deren Mehrdeutigkeit und Unschärfe vermieden werden soll. Sie ist aber nicht so speziell, dass sie nur noch von Experten verstanden wird. Auf diese Weise verhindert man, dass die normative Wirkung im Alltag verloren geht.

Manchmal gibt der Gesetzgeber die Bedeutung eines Begriffes als Legaldefinition vor. So legt § 2 Abs. 5 Satz 1 SchulG SH fest, was unter Eltern zu verstehen ist. Eine abweichende Definition ist dann falsch. Ähnlich sind sogenannte Fiktionen zu sehen, in denen der Gesetzgeber eine Rechtsfolge zwingend setzt, auch wenn die Tatsachen nicht gegeben sind. So vermutet § 43 Abs. 5 Satz 1 SchulG SH ein öffentliches Interesse an der Einrichtung einer Oberstufe an einer Gemeinschaftsschule beim Vorliegen bestimmter Bedingungen. Ein öffentliches Interesse ist deshalb auch dann anzunehmen, wenn Eltern oder Schüler keine diesbezüglichen Wünsche geäußert haben.

Auch Verwaltungsvorschriften können Hinweise darauf geben, wie der Wortsinn zu verstehen ist. So definiert zwar § 30 Abs. 1 SchulG NRW, »Lernmittel sind Schulbücher und andere Medien, die dazu bestimmt sind, von den Schülerinnen und Schülern über einen längeren Zeitraum genutzt zu werden.« Der Ausdruck »andere Medien« ist aber auslegbar. Deshalb schränken die »Bestimmungen zur Lernmittelfreiheit« die Weite des Begriffs ein – »Keine Lernmittel sind Gegenstände, die im Unterricht als Gebrauchs- oder Übungsmaterial verwendet werden« – und zählen exemplarisch Medien auf, die nicht als Lernmittel anzusehen sind.

Schließlich existieren im Gesetz juristische Fachbegriffe, die keine weitere Interpretation gestatten, und zwar auch dann nicht, wenn der alltägliche Sprachgebrauch dies zuließe. So werden »Besitz« und »Eigentum« umgangssprachlich synonym verwendet. Fachsprachlich bedeutet jedoch »Eigentum« das Vollrecht an einer Sache, »Besitz« hingegen die tatsächliche Herrschaft über diese Sache. Ein Schüler, der sich ein Fachbuch von seiner Lehrkraft ausgeliehen hat, ist Besitzer des Buches, aber nicht Eigentümer.

Sind solche Einschränkungen nicht gegeben, wird auf den allgemeinen Sprachgebrauch abgestellt, denn dieser ist dem Gesetzgeber und dem Gesetzesanwender gleichermaßen zugänglich. Bei der Ermittlung des Wortlauts greift man auf die eigene Sprachkompetenz, auf Wörterbücher, Internetrecherchen und juristische Kommentare zurück. Es entsteht eine Arbeitsdefinition, die man im Zweifel anhand von Sprachkorpora (zum Beispiel corpora.uni-leipzig.de) überprüfen kann. Auf diese Weise wird der Sinn eines Ausdrucks ermittelt, gleichzeitig aber die Grenze zur Beliebigkeit gezogen. Würde nämlich die Auslegung jenseits dessen erfolgen, was sich aus dem Wortlaut des Gesetzes ergibt, wären der Vorrang und der Vorbehalt des Gesetzes ausgehöhlt (Kapitel 1.1, S. 13; 4.2, S. 80). Lässt die Grenze des Wortlauts verschiedene Interpretationen zu, müssen die anderen Auslegungsmethoden herangezogen werden.

Die grammatische Auslegung endet nicht beim einzelnen Wort, sondern nimmt auch die Verknüpfung in den Blick (Reimer 2020, Rn. 304 ff.). So spielen »und« und »oder« bei Aufzählungen eine wichtige Rolle. »Und« bedeutet, dass entweder alle aufgezählten Tatbestandsvoraussetzungen erfüllt sein müssen, damit eine Rechtsfolge eintritt, oder dass an einen Tatbestand alle in der Norm genannten Rechtsfolgen geknüpft sind. »Oder« legt fest, dass eine von mehreren Tatbestandsvoraussetzungen einschlägig sein muss, um eine Rechtsfolge auszulösen, bzw. dass ein Tatbestand zu einer von mehreren möglichen Rechtsfolgen führt.

Hat der Gesetzgeber keine dieser Konjunktionen gewählt, ist in der Regel »und« gemeint. Im Zweifel bedarf es der Auslegung. So heißt es in Art. 41 Abs. 5 BayEUG: »Kann der individuelle sonderpädagogische Förderbedarf an der allgemeinen Schule [...] nicht hinreichend gedeckt werden und [1] 1. ist die Schülerin oder der Schüler dadurch in der Entwicklung gefährdet oder [2] 2. beeinträchtigt sie oder er die Rechte von Mitgliedern der Schulgemeinschaft erheblich, besucht die Schülerin oder der Schüler die geeignete Förderschule.« Durch die Verknüpfung [1] wird klargestellt, dass in jedem Fall die allgemeine Schule nicht in der Lage sein darf, den Förderbedarf zu erfüllen. Die Verknüpfung [2] zeigt an, dass eine der beiden Alternativen hinzutreten muss, um die Rechtsfolge der Förderschulpflicht auszulösen.

Systematische Auslegung

Die systematische Auslegung geht davon aus, dass einzelne Normen nicht isoliert betrachtet werden können, sondern in einem Geflecht von Bezügen stehen, die insgesamt ein kohärentes Ganzes ergeben. Auf der Mikroebene entsteht

Klarheit innerhalb des einzelnen Gesetzes, auf der Makroebene durch die Passung zu höherrangigem Recht. Die Textlinguistik drückt dies treffend so aus: »Ein Text ›ergibt Sinn‹, weil es eine Sinnkontinuität innerhalb des Wissens gibt, das durch Ausdrücke des Textes aktiviert wird.« (Beaugrande/Dressler 1981: 88)

Innerhalb eines Gesetzes ergibt sich die eigentliche Regelung oft erst aus dem Zusammenspiel der einzelnen Normen. Man muss bei der Auslegung nach solchen Intertextualitäten suchen. So regelt das SchulG NRW die Schulpflicht in einem komplexen Normengeflecht. Würde man hier nur auf § 37 Abs. 1 Satz 1 abstellen – »Die Schulpflicht in der Primarstufe und der Sekundarstufe I (Vollzeitschulpflicht) dauert zehn Schuljahre, am Gymnasium mit achtjährigem Bildungsgang neun Schuljahre« –, dann ließe man die vielen »es sei denn« unberücksichtigt, die beispielsweise das Fortbestehen der Schulpflicht in der Sekundarstufe II betreffen, von der es wiederum Ausnahmen gibt. Zudem kann die Schulpflicht zwar bestehen, aber ruhen, etwa wenn man als Schulpflichtiger eine Hochschule besucht (§§ 34 ff. SchulG NRW).

Die Schulgesetze beginnen mit einem allgemeinen Teil (zum Beispiel §§ 1–5 BbgSchulG). Dieser allgemeine Teil, der eher Prinzipien als Regeln formuliert, bildet zugleich Auslegungsgrundsätze für die speziellen Gesetzesteile. So muss die pädagogische Freiheit der Lehrkräfte (§ 67 Abs. 2 BbgSchulG) im Lichte der Ziele und Grundsätze der Erziehung und Bildung gesehen werden, darf also nicht Kreativität und Eigeninitiative der Lernenden (§ 4 Abs. 5 Satz 1 Nr. 4 BbgSchulG) behindern.

Daneben muss der Stufenaufbau der Rechtsquellen beachtet werden (Kapitel 2.3, S. 28). So wird die sogenannte pädagogische Versetzung in § 75 Abs. 1 Nr. 2 HSchG wie folgt geregelt: »Soweit in diesem Gesetz oder aufgrund dieses Gesetzes nichts anderes bestimmt ist, wird die Schülerin oder der Schüler in die nächste Jahrgangsstufe versetzt, wenn [...] trotz nicht ausreichender oder nicht erbrachter Leistungen in einzelnen Fächern eine erfolgreiche Teilnahme am Unterricht des nächsthöheren Schuljahrgangs unter Berücksichtigung der Lernentwicklung der Schülerin oder des Schülers zu erwarten ist.« In § 17 Abs. 3 Satz 3 VOGSV heißt es: »Eine Versetzung kann in besonders begründeten Ausnahmefällen auch ohne Ausgleich nicht ausreichender Leistungen erfolgen, wenn besondere Umstände vorliegen, die die Schülerin oder der Schüler nicht zu vertreten hat.« Das HSchG räumt kein Ermessen ein; ein Schüler, der die in der Norm genannten Voraussetzungen erfüllt, muss versetzt werden. In der VOGSV, die aufgrund des HSchG erlassen wurde, wird die gleiche Entscheidung zu einer Ermessensentscheidung, das heißt, bei Vorliegen der Tatbestandsvoraussetzungen hat die Versetzungskonferenz Entschließungsermessen. Zwar heißt es im HSchG, »soweit aufgrund dieses Gesetzes nichts anderes bestimmt ist«, trotzdem gilt der Lex-superior-Grundsatz; sonst würde die niederrangige Verordnung dem Willen des parlamentarischen Gesetzgebers widersprechen. Man muss daher die Norm der VOGSV so auslegen, dass das Ermessen auf null reduziert ist, also von vornherein nur eine Entscheidung rechtmäßig ist. Der betreffende Schüler ist zu versetzen, wenn die Tatbestandsvoraussetzungen für eine pädagogische Versetzung erfüllt sind.

Historische Auslegung

Unter dem Begriff der historischen Auslegung werden zwei unterschiedliche Betrachtungsweisen verstanden (Müller/Christensen 2009, Rn. 360 ff.): Die historische Auslegung im engeren Sinne will die Frage beantworten, wie etwas früher geregelt war, und hieraus Schlussfolgerungen für die aktuelle Situation ziehen. Man vergleicht also eine Norm mit Vorgängernormen. Bei der genetischen Auslegung geht es dagegen um die Entstehungsgeschichte der aktuellen Norm selbst und wie sich diese aus Referentenentwürfen, Parlamentsprotokollen, Begründungen und anderen Texten der rechtspolitischen Diskussion rekonstruieren lässt.

Die historische Auslegung im engeren Sinne findet sich für das Schulrecht beispielsweise bei der Anwendung des Art. 7 GG. Hier wird der Vergleich zur Weimarer Reichsverfassung gezogen, die mit ihren Art. 142 bis 150 auch Vorbild für viele Landesverfassungen geworden ist. So interpretiert das Bundesverfassungsgericht den Begriff der Volksschule (Art. 7 Abs. 5 GG) vor dem Hintergrund der WRV: »Mit dem in Art. 7 Abs. 5 GG verwendeten, heute kaum noch gebräuchlichen Begriff der Volksschule knüpft das Grundgesetz an die Schulbestimmungen der Art. 145 ff. WRV an.« (BVerfGE 138, 70)

Auch in seinem »Kruzifix-Urteil« (BVerwGE 109, 40) hat das Gericht auf die WRV verwiesen, um zu zeigen, dass der Staat zwar weltanschaulich-religiös neutral sein müsse, aber es keine strikte Trennung von Kirche und Staat gebe: »Hinzuweisen ist ferner auch auf die weitgehende Übernahme des Staatskirchenrechts der Weimarer Reichsverfassung durch Art. 140 GG, wobei hier insbesondere die Regelungen in Art. 137 V und VI WRV (Status der Kirchen als Körperschaften öffentlichen Rechts, Kirchensteuerwesen) und Art. 141 WRV (Zulassung der Religionsgesellschaften zur Vornahme religiöser Handlungen in öffentlichen Anstalten) zu erwähnen sind.« Aus dieser Überlegung heraus verstoße die Regelung des Art. 7 Abs. 4 Satz 1 BayEUG, wonach in allen Klassenräumen der Volksschulen ein Kreuz anzubringen ist, nicht gegen das Neutralitätsgebot und die negative Glaubensfreiheit.

Bei der genetischen Auslegung geht es darum zu verstehen, was der Gesetzgeber ursprünglich beabsichtigt hat, also dessen subjektiven Willen zu erforschen. Hieran gibt es erhebliche Kritik. Zum einen ist das Gesetz, wenn es in Kraft getreten ist, sprachlich unabhängig vom Gesetzgebungsprozess in der Welt und löst sich damit von den Absichten seines Urhebers ein Stück weit ab. Zum anderen würde eine Festlegung auf den intendierten Sinn die Norm versteinern lassen und eine Anwendung auf nicht vorhersehbare Sachverhalte unmöglich machen. Hinzu kommt, dass man gar nicht genau rekonstruieren kann, welcher Wille maßgeblich bei der Formulierung der Norm war: der des ursprünglichen Autors, zum Beispiel eines Ministerialbeamten, oder der anderer später Beteiligter. Man kann dann nur noch einen Durchschnittswillen der Beteiligten annehmen.

Trotz dieser Bedenken gibt die genetische Auslegung Hilfestellungen, um die Grenzen der Auslegung zu bestimmen und Zweifel hinsichtlich der richtigen Interpretation zu beseitigen. In Baden-Württemberg wurde 2020 eine neue Regelung zur Gesichtsverschleierung in das Schulgesetz eingeführt: »Schülerinnen und Schülern öffentlicher Schulen ist die Verhüllung des Gesichts bei schulischen Veranstaltungen untersagt, es sei denn, dies ist zur Erfüllung einer durch Gesetz oder Rechtsverordnung angeordneten Rechtspflicht erforderlich. Die Schulleiterin oder der Schulleiter kann Ausnahmen von Satz 1 1. Halbsatz im Einzelfall aus schulischen oder gesundheitlichen Gründen zulassen.« (§ 72 Abs. 3a SchulG BW)

Ein Schulleiter, der diese Norm anwendet, muss sich fragen, was er unter schulischen oder gesundheitlichen Gründen versteht. So könnte er eine Ausnahme für das Tragen eines Niqab bei einem Klassenausflug machen, weil dort keine Unterrichtsgespräche stattfinden, für die die Wahrnehmung der Mimik wichtig ist. Eine solche Auslegung wird aber in der Begründung der Landesregierung zum Gesetzentwurf ausgeschlossen. Vielmehr soll eine offene Kommunikation als »Grundvoraussetzung für das Gelingen des Bildungs- und Erziehungsauftrags« gewährleistet werden. Die Landesregierung präzisiert in ihrer Begründung, was sie als Ausnahmetatbestände akzeptieren will: »Hiervon umfasst sind zum Beispiel Ausnahmen für das Tragen von Masken bei einer schulischen Theaterproduktion, Schutzgegenständen bei Praxiserfahrungen wie Praktika und Kleidung beim schulischen Wintersport oder für Bandagen bei dem Heilungsprozess infolge einer Krankheit der Schülerin oder des Schülers.« (Landtag Baden-Württemberg 2020: 9) Eine religiöse Gesichtsverschleierung ist danach auch bei Schulfahrten nicht zulässig.

Im Allgemeinen sind Begründungen in Landtagsdrucksachen nicht vollständig bindend, wenn der Gesetzeswortlaut eine weitergehende Auslegung zulässt, sie geben aber in Zweifelsfällen oder bei Widersprüchen eine Richtung für die Gesetzesanwendung vor.

Teleologische Auslegung

Das Ziel jeder Auslegung ist es, den Sinn und Zweck des Gesetzes (griechisch: das *telos*, lateinisch: die *ratio legis*) zu ermitteln. Gesetze sind Teil des sozialen Gefüges, einer vom Anspruch her sinnvollen und gerechten Ordnung. Jhering (1883: 104) hat bereits Ende des 19. Jahrhunderts formuliert, dass sie – wie Moral und Sitte – »dem Wohl und Gedeihen der Gesellschaft« dienen. Jede Auslegung muss diesen Zusammenhang wahren.

Das Telos einer Norm ist also einerseits Ziel auch der anderen Auslegungsmethoden, andererseits stellt seine Ermittlung einen eigenen Argumentationsvorgang dar und erhöht die Überzeugungskraft der Auslegung. Die teleologische Auslegung darf nicht dazu führen, dass eigene Meinungen und Vorstellungen in das Gesetz hineininterpretiert werden. Maßgeblich sind allein die Zwecke und Wertungen, die dem Gesetz zugrunde liegen. Wendet man eine Norm anders als gewollt an, führt dies zu einem rechtswidrigen Ergebnis.

Hierzu ein Beispiel aus Thüringen, in dem es um die Kostenübernahme der Schülerbeförderung geht, die in § 4 ThürSchFG geregelt ist: Der konkrete Fall betrifft eine Schülerin, die eine Integrierte Gesamtschule (IGS) mit gymnasialer Oberstufe besucht, die ca. sieben Kilometer von ihrem Wohnort entfernt ist. Eine Regelschule, die zum Haupt- und Realabschluss führt, ist weniger als drei Kilometer, das nächste Gymnasium mehr als drei Kilometer entfernt. Die Eltern beantragten daher die Übernahme der Schülerbeförderungskosten zumindest bis zum nächstgelegenen Gymnasium, da ihre Tochter das Abitur anstrebe. Die zuständige Behörde lehnte dies ab; die nächstgelegene Schule sei die Regelschule, die in weniger als drei Kilometern zu erreichen sei. Hinsichtlich des angestrebten Schulabschlusses handele es sich bis zur zehnten Klasse der IGS zunächst um den Haupt- und Realschulabschluss. Erst ab der elften Klasse würden die Fahrtkosten übernommen, begrenzt auf die Kosten zum nächstgelegenen Gymnasium. Denn erst dann könne davon ausgegangen werden, dass die Hochschulreife das Ziel sei. Die Eltern fühlten sich hingegen durch die gesetzlichen Regelungen in ihrer Auffassung bestärkt: »Die Beförderungs- oder Erstattungspflicht besteht nur für die kürzeste Wegstrecke zwischen der Wohnung des Schülers und der nächstgelegenen, aufnahmefähigen staatlichen Schule, die dem Schüler den von ihm angestrebten Schulabschluss ermöglicht.« (§ 4 Abs. 5 Satz 1 ThürSchFG)

Interpretiert man die Norm allein nach dem Wortlaut, so kann man zu dem Schluss kommen, dass die Tatbestandsmerkmale erfüllt sind: Die Schülerin strebt das Abitur an; die nächstgelegene Schule, die diesen Abschluss vermittelt, ist ein Gymnasium. Es besteht also Erstattungspflicht bis dorthin.

Das Oberverwaltungsgericht Thüringen (Urteil vom 10.3.2009, 1 KO 207/08) legt die Norm im Revisionsverfahren jedoch teleologisch anders aus. Es sieht den Zweck der Regelung darin, den Umfang des Anspruchs auf Fahrtkostenerstattung zu reduzieren. Um diesen Zweck zu erreichen, könne nicht allein der persönlich geäußerte Wille – hier das Abitur anzustreben – für die Bestimmung der nächstgelegenen Schule maßgeblich sein. Während bei einem Gymnasium der subjektiv angestrebte und der objektiv mögliche Schulabschluss von Anfang an deckungsgleich seien, sei dies bei einer IGS bis zur zehnten Klasse wegen der denkbaren Kursumstufungen gerade nicht der Fall. Da die Anträge auf Kostenübernahme jeweils zu Beginn eines Schuljahres gestellt würden, komme es daher darauf an, ob eine Schülerin einer IGS tatsächlich das Abitur anstrebe. Dies könne schon deshalb erst ab der Jahrgangsstufe 11 sicher bejaht werden, weil nur etwa 50 % der IGS-Schüler in die gymnasiale Oberstufe einträten. Hinzu komme, dass das Gesetz auch Wertungswidersprüche vermeiden wolle. Diese könnten entstehen, wenn Eltern auf einem Antragsformular den gewünschten Schulabschluss erklären und die Genehmigungsbehörde diesen Wunsch akzeptieren müsse, obwohl ein Schüler diesen Abschluss nach seinen Leistungen gar nicht erreichen könne. Es bestünde auch die Gefahr, dass Eltern den gewünschten Schulabschluss angeben, um Vorteile bei den Beförderungskosten zu erhalten.

5.2 Unbestimmte Rechtsbegriffe und Generalklauseln

In den Schulgesetzen finden sich an vielen Stellen Ausdrücke wie »altersgemäß«, »setzt Eignung voraus« oder »in allen wichtigen Schulangelegenheiten«. Hierbei handelt es sich um sogenannte unbestimmte Rechtsbegriffe, die an die Auslegung besondere Herausforderungen stellen. Zum einen muss die semantische Unbestimmtheit aufgelöst werden, um den Sachverhalt unter den Tatbestand der Rechtsnorm subsumieren zu können. Zum anderen muss man sich bewusst sein, dass der Gesetzgeber bei unbestimmten Rechtsbegriffen keinen Entscheidungsspielraum einräumt, wie dies beim Ermessen auf der Rechtsfolgenseite der Fall ist.

Auch wenn die Auslegung unbestimmter Rechtsbegriffe grundsätzlich zu unterschiedlichen, auf den ersten Blick vertretbaren Ergebnissen führen kann, gilt der Grundsatz, dass nur eine Definition richtig ist. Eine andere Annahme würde dem Bestimmtheitsgebot aus Art. 20 Abs. 3 GG widersprechen. Gesetze müssen so ausgestaltet sein, dass das Handeln der Verwaltung überprüfbar und vorhersehbar ist.

Unbestimmte Rechtsbegriffe mindern eigentlich nicht die Bestimmtheit, sondern unterwerfen auch Sachverhalte, die nicht genau vorhersehbar sind, einer gesetzlichen Regelung. Die Verwaltung darf somit unbestimmte Rechtsbegriffe nicht so ausfüllen, dass sie selbst eine neue Rechtsgrundlage schafft. Aus diesem Grund unterliegt die Auslegung vollständig der gerichtlichen Kontrolle. Durch den Kreislauf von wertender Konkretisierung durch die Verwaltung, Überprüfung durch die Gerichte und Übernahme dieser Entscheidungen in das Verwaltungshandeln entsteht die »richtige« Auslegung: Sie »vollzieht sich in einem sachbezogenen, argumentativ anspruchsvollen, mitunter jahrelangen Diskurs im Behörden- und Gerichtszug [...], wobei es regelmäßig nicht nur im Verhältnis von Exekutive und Legislative zu unterschiedlichen Einschätzungen und Ergebnissen kommt, sondern auch im gerichtlichen Instanzenzug. All dies sichert den Wettbewerb der rationalen

Argumente« (Mann/Sennekamp/Uechtritz/Schönenbroicher 2019, VwVfG § 40, Rn. 87).

Wie wichtig die Auslegung unbestimmter Rechtsbegriffe ist, erfahren beispielsweise Eltern, die in Grenzregionen leben und ihre Kinder eine Schule im Nachbarland besuchen lassen wollen. Nordrhein-Westfalen gestattet eine solche Ausnahme von der Schulpflicht, wenn ein »wichtiger Grund« vorliegt (§ 34 Abs. 5 Satz 2 SchulG NRW).

Aber wie stellt man einen solchen »wichtigen Grund« fest? Reicht es beispielsweise aus, dass an einer nahe gelegenen ausländischen Schule ein besonderes Profil angeboten wird oder Schüler die Fremdsprache wie eine zweite Muttersprache erlernen? Man könnte dies angesichts eines zusammenwachsenden, auf Mobilität hin ausgerichteten Europas durchaus bejahen.

Rechtskonkretisierung bei unbestimmten Rechtsbegriffen

- Unbestimmte Rechtsbegriffe und Generalklauseln müssen *konkretisiert* werden, bevor man sie auf einen Sachverhalt anwendet.
- Bei *Rechtsbegriffen ohne Beurteilungsspielraum* ist nur eine Interpretation richtig. Diese unterliegt der gerichtlichen Überprüfung.
- Bei *Rechtsbegriffen mit Beurteilungsspielraum* ist die gerichtliche Kontrolle eingeschränkt.

Würden allerdings nur die Interessen der Eltern und Schüler bei der Auslegung des unbestimmten Rechtsbegriffs berücksichtigt, würde der Zweck der Schulpflicht in Deutschland verfehlt: »Ein wichtiger Grund kann nicht allein in dem Wunsch gesehen werden, eine Schule im grenznahen Ausland zu besuchen. Vielmehr ist er anzunehmen, wenn bei Abwägung des öffentlichen Interesses an der Erfüllung der Schulpflicht durch Besuch einer deutschen Schule mit dem Individualinteresse an der Ausnahme hiervon es im Einzelfall nicht gerechtfertigt erscheint, dass die Schüler und ihre Eltern die für sie mit der Pflicht zum Besuch einer deutschen Schule verbundenen nachteiligen Folgen hinnehmen müssen.« (VG Aachen, Urteil vom 30. 5. 2014, 9K 1383/13, Rn. 21)

Bei der Auslegung, ob ein wichtiger Grund vorliegt, kommt es deshalb darauf an, ob und wie lange ein Schüler bereits eine deutsche Schule besucht hat. Der Besuch einer deutschen Schule dient der sozialen, politischen und wirtschaftlichen Integration. Hat ein Schüler lediglich die Grundschule in Deutschland absolviert, überwiegt das öffentliche Interesse an der Schulpflicht, weil die Sozialisation längst nicht abgeschlossen ist. Hat der Schulbesuch hingegen bereits so lange gedauert, dass von einer erfolgreichen Eingliederung ausgegangen werden kann, tritt das öffentliche Interesse zurück. Der Wunsch, eine bestimmte Schule im Ausland zu besuchen, kann in diesem Fall als wichtiger Grund angesehen werden.

Eng verwandt mit dem unbestimmten Rechtsbegriff ist die Generalklausel, die jedoch noch weiter geht und einem Blankett gleichkommt (Möllers 2021: 279 ff.). Der Rechtsanwender hat hier einen sehr weiten Spielraum, was die Bewertung des Sachverhalts und die Wahl der Rechtsfolgen angeht. Ein Beispiel ist § 39 Abs. 2 Satz 1 HmbSG: »Eine Schülerin oder ein Schüler kann von der Schulpflicht befreit werden, wenn ein wichtiger Grund dies rechtfertigt und hinreichender Unterricht oder eine gleichwertige Förderung anderweitig gewährleistet ist.« Hier hat die Schule eine umfassende Entscheidungsfreiheit, die zum einen daraus resultiert, dass der Gesetzgeber auf der Tatbestandsseite der Norm nicht spezifiziert, was ein wichtiger Grund sein könnte, und zum anderen auf der Rechtsfolgenseite Ermessen einräumt. Selbst bei der Beurteilung der Bedingung – ausreichender Unterricht oder gleichwertige Förderung – besteht ein erheblicher Konkretisierungsbedarf durch die Schule.

5.3 Beurteilungsspielraum

Ausnahmen von der »einzig richtigen Entscheidung«

Manchmal muss die Verwaltung unbestimmte Rechtsbegriffe in sehr unübersichtlichen und wechselhaften Bereichen mit Inhalt füllen. Dies war beispielsweise während der Corona-Pandemie der Fall, bei der veränderte wissenschaftliche Erkenntnisse zu immer neuen Schlussfolgerungen führten. Ähnlich komplex ist es, im Umwelt- und Wirtschaftsrecht Risiken zu ermitteln oder zu prognostizieren. Auch erzieherische und pädagogische Einschätzungen werden in einmaligen Situationen getroffen, die nur bedingt rekonstruierbar sind. In solchen Fällen gibt es nicht die eine richtige Entscheidung. Vielmehr besteht ein Beurteilungsspielraum, und die Kontrollmöglichkeiten der Gerichte sind eingeschränkt.

Das Vorliegen eines unbestimmten Rechtsbegriffs in einer Norm führt jedoch nicht automatisch zu einem Beurteilungsspielraum (Detterbeck 2023, Rn. 361 ff.). Vielmehr muss sich dieser entweder ausdrücklich aus dem Gesetz ergeben oder durch Auslegung klar hervortreten. Andernfalls wäre es möglich, durch die bloße Annahme eines Letztentscheidungsrechts der Verwaltung die Gesetzesbindung, die gerichtliche Kontrolle und damit einen effektiven Rechtsschutz auszuhebeln (BVerfGE 129, 29). Ein Beurteilungsspielraum ist in der Schule für folgende Bereiche anzunehmen:

- Prüfungsentscheidungen
- Leistungsbewertungen
- Beamtenrechtliche Eignungs- und Leistungsbeurteilungen von Lehrkräften (Näheres bei Weskamp 2020: 70 ff.)

Allerdings wird der Beurteilungsspielraum von den Gerichten zwar grundsätzlich bejaht, aber auch immer wieder eingeschränkt. So ist die Frage, ob eine Prüfungsaufgabe den zulässigen Prüfungsstoff überschreitet, ebenso gerichtlich überprüfbar wie die Frage, ob die wissenschaftliche Auffassung eines Prüflings vertretbar und damit als richtig anzusehen ist (Stelkens/Bonk/Sachs/Sachs 2023, VwVfG § 40, Rn. 220 ff.).

Leistungsbewertung

In der Praxis der Lehrkräfte spielt der Beurteilungsspielraum bei der Leistungsbewertung im Unterricht und bei Prüfungen eine wichtige Rolle (Avenarius/Hanschmann 2019: 433 f.).

Im Unterricht kommen Lehrkräfte zu einer Note, indem sie regelmäßig Informationen sammeln, zum Beispiel durch Beobachtungen, mündliche Prüfungen und Klassenarbeiten. Anschließend gewichten und bewerten sie diese Informationen. Maßstab und Bezugsnorm sind die schulgesetzlich definierten Notenstufen (zum Beispiel § 73 Abs. 4 Satz 1 HSchG). Wenn die Leistung beispielsweise Mängel aufweist, aber im Ganzen den Anforderungen noch entspricht, ist die Note »ausreichend« zu erteilen.

Wie die tatbestandlichen Begriffe »Mängel«, »im Ganzen« und »Anforderungen« ausgelegt werden, hängt entscheidend von der Fachkunde und der etablierten Praxis einer Lehrkraft ab. Für Außenstehende wie Eltern, Schulleitungen, Schulaufsicht oder Gerichte sind die genauen Umstände, die zu einer Bewertung geführt haben, kaum rekonstruierbar. Dies gilt nicht nur für mündliche Leistungen, die oft in unwiederholbaren Situationen erbracht werden, sondern auch für schriftliche Überprüfungen. Denn hier bilden ebenfalls die im Unterricht vermittelten Kenntnisse und Fähigkeiten die Grundlage (etwa § 73 Abs. 2 Satz 2 HSchG). Für die Notenfindung ist folglich der tatsächlich gehaltene Unterricht bedeutsam, in den Außenstehende keinen Einblick haben, der auch von den Beteiligten höchst unterschiedlich wahrgenommen wird und der sich in seiner Komplexität nicht nacherleben lässt.

Bei Zeugnisnoten soll außerdem der Verlauf der Lernentwicklung einbezogen und den Schülern eine ermutigende Perspektive eröffnet werden (zum Beispiel § 26 Satz 5 VOGSV). Die zuständige Lehrkraft, die einen Schüler im Unterricht erlebt und beurteilt, ist somit am besten geeignet, um die Notenentscheidung abschließend zu treffen. Würden Schulleitungen, Schulaufsicht oder Gerichte diese Rolle im Einzelfall übernehmen, indem sie eigene Bewertungsmaßstäbe entwickelten, käme es im Vergleich zu anderen Schülern zu einer Verzerrung der Maßstäbe und damit zu einer Beeinträchtigung der Chancengleichheit (Fischer/Jeremias/Dieterich 2022, Rn. 878).

Dem Problem der Subjektivität und der eingeschränkten Kontrollierbarkeit von Leistungsbeurteilungen begegnet man zum einen durch Verfahrensvorgaben in den Schulgesetzen, zum anderen – insbesondere bei Abschlussprüfungen – durch ein schulinternes Verfahren.

Zu den Verfahrensvorgaben gehören unter anderem die Festlegung der Anzahl und zeitlichen Abfolge der Klassen- bzw. Kursarbeiten und der sonstigen Überprüfungen, das Nachholen versäumter Arbeiten sowie Angaben dazu, was in die Gesamtbewertung einbezogen werden muss. Insbesondere haben Schüler ein Recht auf Auskunft über ihren Leistungsstand, auf Erläuterung des Bewertungsmaßstabs und auf Begründung ihrer Noten (zum Beispiel § 56 Abs. 1 SchulO RP). Je wichtiger die Leistungsbeurteilung ist, desto detaillierter sind die Verfahrensvorschriften.

Abschlussprüfungen haben eine hohe Grundrechtsrelevanz. Mit ihnen greift die Schule in die Berufsfreiheit nach Art. 12 Abs. 1 GG ein; deshalb ist die Regelungsdichte hier sehr hoch. So wird im Abitur die Notenfindung nicht nur einer Lehrkraft überlassen. Die mündlichen Abiturprüfungen werden durch einen Fachausschuss durchgeführt und die schriftlichen Arbeiten von einer zweiten, im Zweifel sogar von einer dritten Lehrkraft beurteilt.

Fühlen sich Schüler ungerecht bewertet, so haben sie einen Anspruch darauf, dass sie ihre Gründe vorbringen können und die Lehrkraft sich mit diesen Gründen auseinandersetzt. Bei abschlussbezogenen Prüfungen findet wegen des Eingriffs in die Berufsfreiheit ein besonderes »Überdenkungsverfahren« statt (BVerwGE 165, 202 ff.).

Voraussetzung ist, dass der Prüfling begründete Einwendungen gegen die Bewertung hat. Es reicht nicht aus, wenn er lediglich vorbringt, er sei zu hart bewertet worden. Die Prüfer müssen aber konkreten Bedenken unter Beibehaltung des ursprünglichen Bewertungsmaßstabs nachgehen. Zuständig bleiben die ursprünglichen Prüfer, denn sonst würde der Prüfling durch das Einholen einer weiteren Meinung gegenüber den anderen Prüfungsteilnehmern einen Vorteil erlangen.

Kommen die Prüfer zu der Ansicht, dass der Schüler recht hat, so müssen sie klären, ob eine Neubewertung Einfluss auf das Gesamtergebnis hat und dieses ggf. korrigieren. Führt eine Schule das notwendige Überdenkungsverfahren nicht durch, so liegt hierin ein Verfahrensfehler. Wenn dieser nicht behoben werden kann – etwa, weil nach einer mündlichen Prüfung so viel Zeit verstrichen ist, dass sie sich auch mithilfe des Protokolls nicht mehr nachvollziehen lässt –, so wird dem Prüfling die Möglichkeit eingeräumt, die Leistung erneut zu erbringen.

Während die Notenbildung selbst nur eingeschränkt gerichtlich überprüfbar ist, unterliegen Aspekte des Verfahrens der vollständigen Kontrolle (Fischer/Jeremias/Dieterich 2022, Rn. 467 ff., 633 ff.). Insbesondere werden dabei folgende Aspekte einbezogen:

- Einhaltung der Verfahrensvorschriften und -grundsätze: Hierzu gehören neben den gesetzlichen Regelungen auch die Bereitstellung eines ruhigen Raums oder bei mündlichen Prüfungen gute Umgangsformen und ein fairer Prüfungsstil. Fühlt sich ein Schüler bei einer Prüfung gestört, so muss er allerdings darauf hinweisen, damit rechtzeitig Abhilfe geschaffen werden kann; jeder empfindet nämlich Störung anders.

- Berücksichtigung eines bestehenden Antwortspielraums: Die Lehrkraft darf eine vertretbare Lösung nicht als falsch bewerten, nur weil sie vom Erwartungshorizont abweicht.
- Ausschluss sachfremder Erwägungen: Die Urteilsfindung muss unvoreingenommen und rational erfolgen.
- Verwendung gleichartiger Bewertungsmaßstäbe bei vergleichbaren Prüfungen.
- Beibehaltung einer von allen akzeptierten Bewertungspraxis, soweit nicht besondere sachliche Gründe dagegensprechen.

Gegen Verfahrensfehler können sich Schüler bzw. deren Eltern zur Wehr setzen. Die Mittel hierzu hängen davon ab, ob es sich bei der Erteilung einer Zensur um einen Verwaltungs- oder um einen Realakt handelt (Kapitel 2.6, S. 44; 4.4, S. 97). Im Kern kommt es darauf an, ob die Note unmittelbare Rechtswirkung nach außen entfaltet. Wenn sie lediglich einen pädagogischen Zweck erfüllt und allenfalls mittelbar zu einer Versetzungs- oder Prüfungsentscheidung beiträgt, dann wirkt sie sich nur im Innenverhältnis zwischen Schule und Schülern aus. Es handelt sich dann um einen Realakt. Ändert die Note hingegen unmittelbar die Rechtsposition des Schülers, dann ist sie Teil eines Verwaltungsaktes. Dies ist zum Beispiel der Fall, wenn eine

Zensur zur Nichtversetzung führt und ein Schüler die Jahrgangsstufe wiederholen muss (Avenarius/Hanschmann 2019: 423).

Fehlerbeseitigung bei Prüfungen

	Verletzung von Verfahrensvorschriften	*Bewertungsfehler*
Problem	Fehlerhafte Durchführung	Fehlerhafte Bewertung
Voraussetzung	Erheblichkeit des Mangels für das Prüfungsergebnis, ggf. Rügepflicht des Prüflings	Erheblichkeit des Mangels für das Prüfungsergebnis
Abhilfe	Prüfungswiederholung, ggf. nur der betroffenen Teile (Prinzip des geringstmöglichen Nachteils)	Keine weitere Prüfungschance, aber Neubewertung
Ziel	Wiederherstellung der Chancengleichheit	

Die Sachlage ist allerdings nicht immer eindeutig. Betrachtet man die Kursabschlussnoten in der Qualifikationsphase der gymnasialen Oberstufe, so könnte man von einem Realakt ausgehen. Schließlich gibt es in der Qualifikationsphase keine Versetzung. Allerdings entscheidet zumindest eine Punktzahl von weniger als fünf darüber, ob ein Grundkurs zum Erreichen der Zulassungsvoraussetzungen für das Abitur beitragen kann. Deshalb ist diese Zensur ein eigenständiger Verwaltungsakt (OVG Nordrhein-Westfalen, Beschluss vom 30. 4. 2012, 19 B 494/12).

Gegen einen Verwaltungsakt können die Schüler bzw. deren Eltern Widerspruch einlegen, soweit hierzu die Voraussetzungen gegeben sind, insbesondere die Widerspruchsfrist nicht abgelaufen ist. Wird dem Widerspruch nicht abgeholfen, kann je nach Klagebegehren Anfechtungs- oder Verpflichtungsklage vor dem Verwaltungsgericht erhoben werden (zu den verschiedenen Klagearten Detterbeck 2023, Rn. 1350 ff.). In Bayern besteht die Möglichkeit, das Gericht direkt anzurufen (Art. 12 Abs. 1 Satz 1 Nr. 3 AGVwGO).

Gegen Realakte kann eine schriftliche Beschwerde beim Schulleiter bzw. beim Prüfungsvorsitzenden oder bei den übergeordneten Behörden erfolgen. Dieser Beschwerdeweg ergibt sich aus Art. 17 GG, dem »Petitionsrecht«, das jedem garantiert, sich auch außerhalb formaler Rechtsmittelverfahren gegen eine Entscheidung zu wenden (Jarass/Pieroth/Jarass 2022, GG Art. 17, Rn. 1 ff.).

Die zuständige Stelle muss sich mit der Beschwerde befassen und sie beantworten. Im Vergleich zur Bearbeitung eines Widerspruchs sind die Anforderungen allerdings erheblich geringer. So trägt eine detaillierte Begründung der Entscheidung zwar zu einer besseren Akzeptanz bei, ist aber rechtlich nicht geboten. Gerichtlich könnten die Betroffenen mit einer allgemeinen Leistungsklage gegen eine Note vorgehen, die immer dann statthaft ist, wenn der Kläger eine Handlung oder deren Unterlassung begehrt, die kein Verwaltungsakt ist (Detterbeck 2023, Rn. 1390). Hierzu muss aber ein allgemeines Rechtsschutzbedürfnis bestehen. Dieses ist zum Beispiel nicht gegeben, wenn Eltern die Verbesserung einer Biologienote ihres Kindes einklagen wollen, die ohne Einfluss auf die schulische Laufbahn bleibt.

5.4 Mitteilung einer Entscheidung

Grundsätze

Ist die Schule zu einer Entscheidung gelangt, muss sie diese mitteilen. Vielfach wird dabei die Schriftform gewählt, die aber nur zwingend ist, wenn ein Gesetz sie vorsieht. Der Vorteil gegenüber mündlichem Handeln ist die Klarheit und Rechtssicherheit, die mit der Verschriftlichung einhergeht. Je nachdem, ob es sich um einen Real- oder Verwaltungsakt handelt, ergeben sich Unterschiede.

Ein schriftlicher Realakt ist üblicherweise als formeller Brief gestaltet. Er ist auf dem Briefbogen der Schule verfasst und mit Betreff, Anrede, Textteil, Grußformel, Unterschrift sowie darunter mit dem vollständigen Namen des Verfassers und dessen Funktion versehen. Für eine E-Mail gelten die gleichen Anforderungen, nur dass der Briefkopf als Signatur am Ende steht. Der Textteil beschreibt den Sachverhalt, teilt das Ergebnis mit und begründet es kurz. Da solche Schreiben keine Regelungen enthalten und keine Rechtsfolgen setzen, werden sie nicht mit einer Rechtsbehelfsbelehrung versehen.

Demgegenüber ist die Form eines (schriftlichen) Verwaltungsaktes in §§ 35 ff. der jeweiligen VwVfG geregelt (Linhart 2022). Hieraus ergibt sich die folgende Struktur:

- Name und Anschrift der Schule (offizieller Briefbogen)
- Ort, Datum, ggf. Aktenzeichen
- Zustellungsart (zum Beispiel Übergabeeinschreiben)
- Anschrift des Empfängers (meist die Eltern)
- Betreff, ggf. Bezug und Anlagen

- Überschrift (meist »Bescheid«)
- Anrede
- Tenor (Regelungen, die getroffen werden)
- Sachverhaltsschilderung
- Rechtsfolge und Begründung
- Rechtsbehelfsbelehrung
- Grußformel, Unterschrift

Da Verwaltungsakte auch mündlich erfolgen können – beispielsweise, wenn ein Schüler aufgrund einer Ordnungsmaßnahme für den Rest des Schultages vom Unterricht ausgeschlossen wird –, haben die Betroffenen einen Anspruch auf schriftliche Bestätigung, wenn sie dies unverzüglich beantragen und ein berechtigtes Interesse daran haben (§ 37 Abs. 2 Satz 2 VwVfG). Berechtigt ist jedes schutzwürdige Interesse. Hauptsächlich wird dieses bestehen, wenn sich die Betroffenen mit den Gründen für eine Maßnahme auseinandersetzen wollen, damit sie ggf. Widerspruch oder Klage einreichen können.

Sendet die Schule den Bescheid per E-Mail, so gelten besondere Bestimmungen. Beispielsweise müssen die Empfänger (Eltern) hierzu freiwillig eine Mailadresse zur Verfügung gestellt haben (§ 3a VwVfG). Soll die E-Mail den Bescheid in Briefform ersetzen, muss sie mit einer qualifizierten elektronischen Signatur versehen oder als De-Mail versendet werden (§ 3a Abs. 2 VwVfG). Ist die Schriftform hingegen freiwillig oder substituiert die E-Mail einen mündlichen Verwaltungsakt, reicht eine einfache Mail aus (Schoch/Schneider/Schröder 2022, § 37 VwVfG, Rn. 59 ff.). In einigen Bundesländern ist die elektronische Form allerdings noch ausgeschlossen (z. B. § 184a HSchG, § 108 Satz 3

HmbSG). Begründet wird dies mit der geringen Verwaltungskapazität der Schulen und den langen Aufbewahrungsfristen insbesondere der Zweitschriften von Abgangs- und Abschlusszeugnissen (Köller/Achilles/Köller/Eggert 2023, HSchG § 184a, S. 2 f.). Der Tenor enthält in klarer und möglichst einfacher Sprache die Entscheidung sowie Nebenbestimmungen wie Befristungen, Bedingungen oder Auflagen (§ 36 VwVfG). Normen werden hier nicht genannt, da sie sich aus der Begründung ergeben.

Gerade bei einem belastenden Verwaltungsakt soll die Begründung verständlich und nachvollziehbar sein. Sie muss erkennen lassen, dass man sich gründlich mit den Argumenten der Betroffenen auseinandergesetzt hat. Ein freundlicher und verständnisvoller Ton trägt zur Akzeptanz bei. Der Bescheid unterscheidet sich in dieser Hinsicht nicht von anderen Schreiben, die die Schule an Eltern oder Schüler richtet.

Eine Begründung ist nur in Ausnahmefällen entbehrlich (§ 39 Abs. 2 VwVfG), etwa wenn die Schule einem Antrag entspricht, ohne in Rechte anderer einzugreifen. Gleiches gilt, wenn die Rechtslage für die Betroffenen völlig klar ist. Es reicht jedoch nicht aus, dass die Schule ihre Gründe zuvor mündlich erläutert hat, da dies einen möglichen Widerspruch erschweren würde. Vielmehr muss für die Betroffenen unmittelbar nachvollziehbar sein, warum ihrem Wunsch nicht entsprochen wird.

Ein Beispiel ist die Ablehnung eines Antrags auf Beurlaubung vom Unterricht. Wenn die Schule in einem Informationsblatt regelmäßig darauf hinweist, dass eine Beurlaubung für eine Urlaubsreise vor den Ferien aus Kostengründen ausgeschlossen ist, bedarf es keiner weiteren

Begründung, wenn der Antrag genau deshalb abgelehnt wird.

In der Rechtsbehelfsbelehrung weist die Schule auf Form und Frist für die Einlegung des Widerspruchs hin (Kapitel 4.4, S. 103). Ist die Rechtsbehelfsbelehrung richtig erteilt, so beträgt die Frist einen Monat, sonst ein Jahr (§§ 58, 70 VwGO). Üblich ist mindestens folgende Formulierung: »Gegen diesen Bescheid / diese Anordnung / diese Entscheidung kann innerhalb eines Monats nach Bekanntgabe Widerspruch bei [Bezeichnung und Sitz der Schule, die den Verwaltungsakt erlassen hat] erhoben werden.«

Ein Beispiel

Ein Gymnasium in Baden-Württemberg erhält einen schriftlichen Antrag der Eltern der Achtklässlerin Mariella. Darin beantragen sie eine Beurlaubung vom Unterricht für drei Wochen vor den Weihnachtsferien, um eine Bildungsreise nach Australien zu unternehmen (vgl. VGH Baden-Württemberg, Beschluss vom 25. 2. 2005, 9 S 2735/04). Die Eltern führen aus, dass für eine solche Reise aufgrund der hohen Kosten und der langen Flugzeit die Weihnachtsferien allein nicht ausreichten. Die Reise sei eine einmalige Gelegenheit, damit ihre Tochter Englisch in einem englischsprachigen Land sprechen und eine fremde Kultur mit bedeutenden Sehenswürdigkeiten kennenlernen könne. Das Versäumnis des Unterrichts sei wegen der sehr guten Leistungen der Tochter kein Problem, zumal diese den Stoff nach den Weihnachtsferien nachholen könne. Die klimatischen Verhältnisse in Australien würden eine Reise in den

Sommerferien unmöglich machen, zumal die Familie aus Kostengründen campen möchte.

Nachdem die Schulleiterin Eltern und Tochter angehört hat, erlässt sie folgenden Bescheid (hier beginnend mit dem Tenor):

> Leider kann ich Ihrem Antrag vom […] auf Beurlaubung Ihrer Tochter Mariella nicht stattgeben.
>
> Begründung:
> Mit Schreiben vom […] beantragen Sie für Ihre Tochter die Beurlaubung vom Schulbesuch in den letzten drei Wochen vor den Weihnachtsferien. Als Gründe führen Sie an, dass Sie mit Mariella eine Bildungsreise nach Australien durchführen möchten. Wegen des Klimas sei die Reise nicht in den Sommerferien möglich. Die Weihnachtsferien reichten wegen der hohen Reisekosten und der langen Flugzeiten nicht aus. In der Reise sehen Sie eine einmalige Gelegenheit für Ihre Tochter, Englisch zu sprechen und die Kultur des Landes kennenzulernen. In unserem Telefongespräch vom […] tragen Sie diese Gründe erneut vor und weisen außerdem auf Ihr verfassungsmäßiges Elternrecht hin.
>
> Nach § 4 Abs. 1 der Schulbesuchsverordnung (SchulBesV) ist eine Beurlaubung vom Besuch der Schule lediglich in besonders begründeten Ausnahmefällen und nur auf rechtzeitigen schriftlichen Antrag möglich. Sie haben Ihren Antrag rechtzeitig und schriftlich bei mir eingereicht. Allerdings handelt es sich bei der von Ihnen vorgesehenen Reise nicht um einen besonders begründeten Ausnahmefall.

Ein solcher Ausnahmefall ist nur gegeben, wenn ein Sonderfall vorliegt, der durch eine gewisse Einmaligkeit gekennzeichnet ist. § 4 Abs. 3 SchulBesV nennt solche Fälle beispielhaft. Hier käme allenfalls die Teilnahme am internationalen Schüleraustausch sowie an Sprachkursen im Ausland (§ 4 Abs. 3 Nr. 2 SchulBesV) in Frage. Allerdings weist Ihre Reise nicht die Wechselseitigkeit eines Schüleraustausches auf, und Ihre Tochter nimmt auch nicht an einem Sprachkurs teil. Der Sprachkontakt bleibt vielmehr zufällig.

Auch in dem Wunsch, eine längere Reise im Winter durchführen zu wollen, kann ich keine besondere Ausnahme erkennen. In dieser Situation befinden sich alle Eltern, die die südliche Erdhalbkugel bereisen möchten. Auch hat der Urlaubswunsch nicht das gleiche Gewicht wie die in der Schulbesuchsverordnung exemplarisch genannten Gründe wie Eheschließung der Geschwister, Hochzeitsjubiläen oder Todesfälle in der Familie.

Das Ihnen nach Art. 6 des Grundgesetzes (GG) zustehende Recht auf Erziehung Ihrer Tochter kann ebenfalls nicht als Grund akzeptiert werden. Dieses Grundrecht wird durch den staatlichen Bildungs- und Erziehungsauftrag (Art. 7 Abs. 1 GG) beschränkt. Es ergibt sich nicht das Recht, einseitig zu bestimmen, wohin und wie lange Sie mit Ihrer Tochter verreisen können, solange diese der Schulpflicht nach §§ 72 ff. des Schulgesetzes (SchG) unterliegt.

Rechtsbehelfsbelehrung:
Gegen diesen Bescheid kann innerhalb eines Monats

nach Bekanntgabe Widerspruch beim X-Gymnasium in Y erhoben werden.

Es tut mir leid, Ihnen keinen positiven Bescheid geben zu können.
Mit freundlichen Grüßen
[…]

In dem hier ausgeführten Beispiel wendet die Schulleiterin einen unbestimmten Rechtsbegriff an: »besonders begründeter Ausnahmefall«. In der Praxis wird dabei häufig verkannt, dass kein Beurteilungsspielraum besteht. Vielmehr darf die Unbestimmtheit nicht zu unterschiedlichen Ergebnissen in der Anwendung der Norm führen. Deshalb zeigt dieses Beispiel einmal mehr, dass es Aufgabe der Schule ist, durch die in diesem Kapitel vorgestellten Auslegungsmethoden den Inhalt des unbestimmten Rechtsbegriffs zutreffend zu ermitteln. Im Beispiel hat die Schulleiterin dies getan, indem sie das System des Gesetzes betrachtet und auf die beispielhaft genannten Ausnahmen Bezug nimmt. Sie hat argumentiert, dass der von den Eltern angeführte Grund nicht von vergleichbarem Gewicht ist und ihre Abwägung transparent dargestellt. Ist der Bescheid in dem Bewusstsein ergangen, die einzig richtige Entscheidung getroffen zu haben, hat die Schule ihrer strikten Bindung an das Recht Genüge getan. In Zweifelsfällen obliegt es dann den Widerspruchsbehörden bzw. Verwaltungsgerichten, den Sachverhalt erneut und erschöpfend aufzuklären und für eine einheitliche Handhabung des unbestimmten Rechtsbegriffs zu sorgen.

Verzeichnis der Gesetze

AEUV Vertrag über die Arbeitsweise der Europäischen Union
AGVwGO Gesetz zur Ausführung der Verwaltungsgerichtsordnung (Bayern)
APO-SI Verordnung über die Ausbildung und die Abschlussprüfungen in der Sekundarstufe I in Nordrhein-Westfalen
BayEUG Bayerisches Gesetz über das Erziehungs- und Unterrichtswesen
BayGVBl. Bayerisches Gesetz- und Verordnungsblatt
BaySchO Schulordnung für schulartübergreifende Regelungen an Schulen in Bayern
BBiG Berufsbildungsgesetz
BbgSchulG Gesetz über die Schulen im Land Brandenburg
BeamtStG Gesetz zur Regelung des Statusrechts der Beamtinnen und Beamten in den Ländern
BGB Bürgerliches Gesetzbuch
BremSchulG Bremisches Schulgesetz
BremSchVwG Bremisches Schulverwaltungsgesetz
BremVwVfG Bremisches Verwaltungsverfahrensgesetz
GG Grundgesetz für die Bundesrepublik Deutschland
GOS-VO Verordnung – Schul- und Prüfungsordnung – über die gymnasiale Oberstufe und die Abiturprüfung im Saarland
GSO Schulordnung für die Gymnasien in Bayern
HmbSfTG Hamburgisches Gesetz über Schulen in freier Trägerschaft
HmbSG Hamburgisches Schulgesetz
HSchG Hessisches Schulgesetz
HVwVfG Hessisches Verwaltungsverfahrensgesetz
JGG Jugendgerichtsgesetz
KErzG Gesetz über die religiöse Kindererziehung
LVwVfG Landesverwaltungsverfahrensgesetz Rheinland-Pfalz
NSchG Niedersächsisches Schulgesetz
SchG BW Schulgesetz für Baden-Württemberg
SchulG Berlin Schulgesetz für das Land Berlin
SchulG LSA Schulgesetz des Landes Sachsen-Anhalt

SchulG M-V Schulgesetz für das Land Mecklenburg-Vorpommern
SchulG NRW Schulgesetz für das Land Nordrhein-Westfalen
SchulG RP Schulgesetz des Landes Rheinland-Pfalz
SchulG SH Schleswig-Holsteinisches Schulgesetz
SchulO RP Schulordnung für die öffentlichen Realschulen plus, Integrierten Gesamtschulen, Gymnasien, Kollegs und Abendgymnasien in Rheinland-Pfalz
Sek I-VO Verordnung über die Schularten und Bildungsgänge der Sekundarstufe I in Berlin
StGB Strafgesetzbuch
StPO Strafprozessordnung
ThürSchFG Thüringer Gesetz über die Finanzierung der staatlichen Schulen
ThürSchulG Thüringer Schulgesetz
ThürSchulO Thüringer Schulordnung für die Grundschule, die Regelschule, die Gemeinschaftsschule, das Gymnasium, die Gesamtschule und die Förderschule
VOGSV Verordnung zur Gestaltung des Schulverhältnisses (Hessen)
VwGO Verwaltungsgerichtsordnung
VwVfG Verwaltungsverfahrensgesetz
WRV Die Verfassung des Deutschen Reiches (»Weimarer Reichsverfassung«)

Literaturverzeichnis

Die Rechtskommentare werden im Text mit den von den Herausgebern vorgeschlagenen Kurztiteln zitiert. Zusätzlich wird der jeweilige Bearbeiter des Kommentars genannt. Bei Büchern werden nach Möglichkeit Randnummern (Rn.) anstelle von Seitenzahlen verwendet.

Alexy, Robert (1983): Theorie der juristischen Argumentation. Die Theorie des rationalen Diskurses als Theorie der juristischen Begründung. Frankfurt a. M.: Suhrkamp.

– (2020): Theorie der Grundrechte. 9. Aufl. Berlin: Suhrkamp.

Aristoteles (2007): Analytica Priora. Buch 1. Übers. und hrsg. von Theodor Ebert und Ulrich Nortmann. Berlin: Akademie Verlag.

Avenarius, Hermann / Hanschmann, Felix (2019): Schulrecht. Ein Handbuch für Praxis, Rechtsprechung und Wissenschaft. 9. Aufl. Köln: Link.

Beaucamp, Guy (2015): Zur rechtlichen Relevanz pädagogischer Freiheit. In: Recht der Jugend und des Bildungswesens [RdJB] 63. H. 2. S. 145–159.

Beaugrande, Robert-Alain de / Dressler, Wolfgang Ulrich (1981): Einführung in die Textlinguistik. Tübingen: Niemeyer.

[BeckOK JGG/*Bearbeiter* 2023.] Gertler, Nils Fabian / Kunkel, Volker / Putzke, Holm (Hrsg.) (2023): Beck'scher Online-Kommentar JGG [Jugendgerichtsgesetz]. 31. Aufl. München: Beck.

Böckenförde, Ernst-Wolfgang (1980): Elternrecht – Recht des Kindes – Recht des Staates. Zur Theorie des verfassungsrechtlichen Elternrechts und seiner Auswirkung auf Erziehung und Schule. In: Essener Gespräche zum Thema Staat und Kirche. Hrsg. von Joseph Krautscheidt und Heiner Marré. Bd. 14. Münster: Aschendorff. S. 54–98.

[BVerfGE 1952 ff.] Entscheidungen des Bundesverfassungsgerichts. Tübingen: Mohr Siebeck.

Dalbert, Claudia (2011): Warum die durch die Schüler und Schülerinnen individuell und subjektiv erlebte Gerechtigkeit des Lehrerhandelns wichtig ist. In: Zeitschrift für pädagogische Psychologie 25. H. 1. S. 5–18.

Detel, Wolfgang (2014): Grundkurs Philosophie. Bd. 4: Erkenntnis und Wissenschaftstheorie. 3. Aufl. Stuttgart: Reclam.

Detterbeck, Steffen (2023): Allgemeines Verwaltungsrecht. Mit Verwaltungsprozessrecht. 21. Aufl. München: Beck.

[Dürig/Herzog/Scholz/*Bearbeiter* 2023.] Herzog, Roman / Herdegen, Matthias / Scholz, Rupert / Klein Hans H. (Hrsg.) (2023): Grundgesetz-Kommentar. 102. Ergänzungslieferung. München: Beck.

Engisch, Karl (1943): Logische Studien zur Gesetzesanwendung. Heidelberg: Winter.

Erbguth, Wilfried / Guckelberger, Annette (2020): Allgemeines Verwaltungsrecht. Mit Verwaltungsprozessrecht und Staatshaftungsrecht. 10. Aufl. Baden-Baden: Nomos.

Esslinger-Hinz, Ilona [u. a.] (2013): Der ausführliche Unterrichtsentwurf. Weinheim: Beltz.

Felten, Michael (2020): Unterricht ist Beziehungssache. Stuttgart: Reclam.

Fischer, Edgar / Jeremias, Christoph / Dieterich, Peter (2022): Prüfungsrecht. 8. Aufl. München: Beck.

Gadamer, Hans-Georg (2010): Wahrheit und Methode. Grundzüge einer philosophischen Hermeneutik. 7. Aufl. Tübingen: Mohr Siebeck.

Gußen, Lars (2020): Wissenschaftliches Arbeiten im Jurastudium. Eine Einführung in die juristische Arbeitstechnik. Paderborn: Schöningh.

Hessischer Landtag (1961): Gesetz über die Unterhaltung und Verwaltung der öffentlichen Schulen und die Schulaufsicht (Schulverwaltungsgesetz – SchVG –). Vorlage der Landesregierung. Drucksachen Abt. I, Nr. 976, IV. Wahlperiode.

Hildebrand, Tina (2017): Juristischer Gutachtenstil. Ein Lehr- und Arbeitsbuch. 3. Aufl. Tübingen: Francke.

Hoffmann-Riem, Wolfgang (2019): Praktische Konkordanz im Verfassungsrechtsdenken von Konrad Hesse. In: Archiv des öffentlichen Rechts 144. H. 3. S. 467–485.

Hufen, Friedhelm (2018): Staatsrecht II. Grundrechte. 7. Aufl. München: Beck.

[Jarass/Pieroth/*Bearbeiter* 2022.] Jarass, Hans D. / Kment, Martin

(Hrsg.) (2022): Grundgesetz für die Bundesrepublik Deutschland. Kommentar. 17. Aufl. München: Beck.

Jestaedt, Matthias (2019): »Gedöns« im Grundgesetz. Ehe und Eltern, Kinder und Schule. In: 70 Jahre Grundgesetz. In welcher Verfassung ist die Bundesrepublik? Hrsg. von Hans Michael Heinig und Frank Schorkopf. Göttingen: Vandenhoeck & Ruprecht. S. 83–100.

Jhering, Rudolph von (1883): Der Zweck im Recht. Bd. 2. Leipzig: Breitkopf & Härtel.

Kempny, Simon / Lämmle, Martina (2020): Der »allgemeine Gleichheitssatz« des Art. 3 I GG im juristischen Gutachten. In: Juristische Schulung [JuS] 60. H. 1, S. 22–26. H. 2, S. 113–117. H. 3, S. 215–220.

Kingreen, Thorsten / Poscher, Ralf (2023): Grundrechte. Staatsrecht II. 39. Aufl. Heidelberg: C. F. Müller.

[KK-StPO/*Bearbeiter* 2023.] Barthe, Christoph / Gericke, Jan (Hrsg.) (2023): Karlsruher Kommentar zur Strafprozessordnung mit GVG [Gerichtsverfassungsgesetz], EGGVG [Einführungsgesetz zum Gerichtsverfassungsgesetz] und EMRK [Europäische Menschenrechtskonvention]. 9. Aufl. München: Beck.

Klatt, Matthias / Meister, Moritz (2014): Der Grundsatz der Verhältnismäßigkeit. Ein Strukturelement des globalen Konstitutionalismus. In: JuS 54. H. 3. S. 193–199.

[KMK 2019.] Standards für die Lehrerbildung: Bildungswissenschaften. Beschluss der Kultusministerkonferenz vom 16. 12. 2004, Fassung vom 16. 5. 2019. Berlin: Sekretariat der Kultusministerkonferenz.

[Köller/Achilles/*Bearbeiter* 2023.] Köller, Franz / Achilles, Harald (Hrsg.) (2023): Hessisches Schulgesetz. Kommentar. 28. Nachlieferung. Wiesbaden: Kommunal- und Schul-Verlag.

Kommission Schulrecht des Deutschen Juristentages (1981): Schule im Rechtsstaat. Bd. 1: Entwurf für ein Landesschulgesetz. München: Beck.

Landtag Baden-Württember (2020): Gesetz zur Änderung des Schulgesetzes für Baden-Württemberg. Gesetzentwurf der Landesregierung. Drucksache 16/9092 vom 20. 10. 2020.

Larenz, Karl / Canaris, Claus-Wilhelm (1995): Methodenlehre der Rechtswissenschaft. 3. Aufl. Berlin: Springer.

Linhart, Helmut (2022): Der Bescheid. Form, Aufbau und Inhalt. Eine Arbeitshilfe für die öffentliche Verwaltung. 6. Aufl. Heidelberg: Jehle.

[Mann/Sennekamp/Uechtritz/*Bearbeiter* 2019.] Mann, Thomas / Sennekamp, Christoph / Uechtritz, Michael (Hrsg.) (2019): Verwaltungsverfahrensgesetz. Großkommentar. 2. Aufl. Baden-Baden: Nomos.

Manssen, Gerrit (2022): Staatsrecht II. Grundrechte. 19. Aufl. München: Beck.

Mieg, Harald A. (2016): Profession: Begriff, Merkmale, gesellschaftliche Bedeutung. In: Handbuch Professionsentwicklung. Hrsg. von Michael Dick, Winfried Marotzki und Harald Mieg. Bad Heilbrunn: Klinkhardt. S. 27–40.

Möllers, Thomas M. J. (2021): Juristische Methodenlehre. 4. Aufl. München: Beck.

Müller, Friedrich / Christensen, Ralph (2009): Juristische Methodik. Bd. 1: Grundlegung für die Arbeitsmethoden der Rechtspraxis. 10. Aufl. Berlin: Duncker & Humblot.

[Münch/Kunig/*Bearbeiter* 2021.] Kämmerer, Jörn-Axel / Kotzur, Markus (Hrsg.) (2021): Grundgesetz. Kommentar. 7. Aufl. München: Beck.

[NK-StGB/*Bearbeiter* 2023.] Kindhäuser, Urs / Neumann, Ulfrid / Paeffgen, Hans-Ullrich / Saliger, Frank (Hrsg.) (2023): Strafgesetzbuch. 9. Aufl. Baden-Baden: Nomos.

Paseka, Angelika / Killus, Dagmar (2020): Kooperation zwischen Eltern und Schule. Eine kritische Einführung in Theorie und Praxis. Weinheim: Beltz.

Pikart, Eberhard / Werner, Wolfram (Hrsg.) (1993): Der Parlamentarische Rat. 1948–1949. Akten und Protokolle. Bd. 5,1: Ausschuss für Grundsatzfragen. Boppard am Rhein: Boldt.

Reimer, Franz (2020): Juristische Methodenlehre. 2. Aufl. Baden-Baden: Nomos.

– (2021): Der verfassungsrechtliche Schulbegriff: neuer Wein in neue Schläuche! In: RdJB 69. H. 1. S. 58–77.

Riehm, Thomas (2006): Abwägungsentscheidungen in der praktischen Rechtsanwendung. Argumentation – Beweis – Wertung. München: Beck.

Rüthers, Bernd / Fischer, Christian / Birk, Axel (2020): Rechtstheorie und Juristische Methodenlehre. 11. Aufl. München: Beck.
Rux, Johannes (2018): Schulrecht. 6. Aufl. München: Beck.
Savigny, Friedrich Carl von (1840): System des heutigen Römischen Rechts. Bd. 1. Berlin: Veit.
Schmitt, Carl (2010): Verfassungslehre. 10. Aufl. Berlin: Duncker & Humblot.
[Schoch/Schneider/*Bearbeiter* 2023.] Schoch, Friedrich / Schneider, Jens-Peter (Hrsg.) (2023): Verwaltungsrecht. Verwaltungsgerichtsordnung. 44. Ergänzungslieferung. München: Beck.
Sieckmann, Jan-Reinard (2018): Rechtsphilosophie. Tübingen: Mohr Siebeck.
[Stelkens/Bonk/Sachs/*Bearbeiter* 2023.] Sachs, Michael / Schmitz, Heribert / Stelkens, Ulrich (Hrsg.) (2023): Verwaltungsverfahrensgesetz. Kommentar. 10. Aufl. München: Beck.
[Stern/Becker/*Bearbeiter* 2024.] Stern, Klaus / Becker, Florian (Hrsg.) (2024): Grundrechte-Kommentar. 4. Aufl. Köln: Wolters Kluwer.
Stolleis, Michael (2012): Geschichte des öffentlichen Rechts in Deutschland. Bd. 4. München: Beck.
Storr, Stefan / Schröder, Rainer (2021): Allgemeines Verwaltungsrecht. 2. Aufl. Stuttgart: Kohlhammer.
Strauch, Hans-Joachim (2022): Methodenlehre des gerichtlichen Erkenntnisverfahrens. Prozesse richterlicher Kognition. 2. Aufl. Baden-Baden: Nomos-Alber.
Wank, Rolf (2020): Juristische Methodenlehre. Eine Anleitung für Wissenschaft und Praxis. München: Vahlen.
Werner, Wolfram (Hrsg.) (1996): Der Parlamentarische Rat. 1948–1949. Akten und Protokolle. Bd. 9: Plenum. München: Oldenbourg-Boldt.
Weskamp, Ralf (2020): Schulleitung – von der Rollenfindung zum Führungserfolg. Weinheim: Beltz.
– (2023): Wie sichert der Staat ein leistungsfähiges Schulwesen? Zur Balance zwischen Aufsicht, pädagogischer Freiheit und Schulautonomie. RdJB 71. H. 3. S. 291–305.
Wißmann, Hinnerk (2022): Pädagogische Freiheit als Rechtsbegriff. Personales Handeln in der öffentlichen Verwaltung. Baden-Baden: Nomos.

Dank

Der Autor möchte sich besonders bei Rekorin Elisabeth Weskamp M. A. für das Lesen der Korrekturfahnen, bei Regierungsrätin Laura F. Weskamp für juristische Hinweise und bei seinen Studierenden für die anregenden Diskussionen bedanken. Dank gilt auch dem Institut für Erziehungswissenschaften der Universität Kassel, das den Lehrauftrag für Schulrecht eingerichtet hat.

Zum Autor

Oberstudiendirektor Dr. Ralf Weskamp ist Schulleiter der Bundespräsident-Theodor-Heuss-Schule im nordhessischen Homberg (Efze) und Lehrbeauftragter für Schulrecht an der Universität Kassel. Er hat umfassend publiziert und an den Universitäten Paderborn, Tübingen und Augsburg geforscht.